UNIVERSITÀ DEGLI STUDI DI MILANO-BICOCCA

Facoltà di Giurisprudenza (School of law)

Corso di Laurea Magistrale a Ciclo Unico

LA REPRESSIONE PENALE DELLE MANIFESTAZIONI D'ODIO ATTRAVERSO LA RETE

Relatore:
Chiar.ma Prof. Claudia PECORELLA

Correlatore:
Prof. Dott. Massimiliano DOVA

TESI DI LAUREA DI:
Ludovico Alessandro PAPALIA
Matricola n. 801810

Anno Accademico 2019/2020

La repressione penale delle manifestazioni d'odio attraverso la Rete

"Don't be evil"[1]

---

[1] Letteralmente traducibile come "non essere malvagio". È stato il motto aziendale di Google fino al 2015 quando è stato modificato in *"Do the right thing"* ("Fai la cosa giusta") dalla *holding* Alphabet di cui Google fa parte. Il motto, nato per caso durante una riunione, indicava l'impegno della società informatica di essere "dalla parte dei buoni" e di non usare male il proprio potere tutelando degli utenti.

1. *Indice*

1. Indice 3
2. Introduzione 5
3. I crimini di odio 8
   a. L'attualità del tema: le caratteristiche note, i punti peculiari e le manifestazioni contemporanee 8
   b. Definizione dei crimini d'odio in generale, e differenze \ punti comuni tra Hate crime e Hate speech 15
   c. Hate speech online e offline: punti comuni e differenze 20
   d. L'hate speech con mezzo online nello specifico: Profilo criminologico e casi esemplificativi 25
      I. Manifestazioni di odio politico, razziale e religioso 25
      II. Manifestazioni di odio omofobico 34
      III. Manifestazioni di odio nei confronti dell'accusato 38
4. Gli strumenti di tutela rispetto alle manifestazioni d'odio online 42
   a. La normativa sovranazionale 44
   b. La normativa nazionale 68
      I. La diffamazione 68
      II. Le altre leggi relative all'hate speech in relazione alle singole categorie protette 89
      III. Il bene giuridico tutelato 114
      IV. Le possibili soluzioni ai crimini d'odio attraverso la rete e le problematiche di applicazione 119
   c. Le soluzioni attuate dalle piattaforme online e gli accordi tra piattaforme e istituzioni pubbliche 132

- I. il codice di condotta tra piattaforme e Unione Europea 132
- II. le regole delle singole piattaforme 146
  - I termini e le condizioni di Facebook 147
  - I termini e le condizioni di TikTok 151
5. Appendice 156
   - Appendice 1 – Le proposte di legge in discussione 156
   - Appendice 2 – I possibili rischi per la democrazia: l'esempio delle leggi di Turchia ed Egitto in riferimento ai social 162
6. Bibliografia 167

2. Introduzione

Nel 1960 il filosofo Jean-Paul Sartre scrisse che *"basta che un uomo odi un altro perché l'odio vada correndo per l'umanità intera"*[2]. Tale affermazione non può essere più vera per il tema trattato in questa tesi. L'odio, infatti, è stato da sempre il sentimento più facile da veicolare. Che si pensi ai regimi razzisti e totalitari che hanno dilaniato l'Europa durante lo scorso secolo o al semplice *pettegolezzo di paese*, è possibile osservare come l'odio si diffonda sempre a *macchia d'olio* coinvolgendo nelle sue trame sempre più soggetti, anche insospettabili, fino a condurre, talvolta, anche ad azioni di repressione fisica e violenta. Sebbene l'odio sia un sentimento antico del genere umano, l'utilizzo *omnipervasivo* di *internet* non ha potuto che aumentare esponenzialmente tale fenomeno. I *social* sono certamente una espressione positiva della Rete. Diventati rilevanti nell'ultimo decennio, permettono di comunicare direttamente e senza filtro con altri utenti. A volte possono essere utilizzati per mettere in crisi regimi antidemocratici e per incentivare la partecipazione dei cittadini alla vita politica, tuttavia espongono anche a **rischi nuovi ed inattesi**. *Internet*, infatti, non può essere considerato semplicemente la trasposizione in *digitale* del mondo *analogico* ma, al contrario, possiede delle **caratteristiche peculiari**.

Questa tesi ha il duplice scopo di analizzare la situazione attuale sia da un punto di vista giuridico che criminologico e di cercare di individuare i possibili futuri sviluppi della normativa. Si osserverà come nelle leggi vigenti non vi siano se non in minima parte delle norme dedicate specificamente al contrasto dell'odio **online** e che, per questo, la legislazione attuale potrebbe sembrare inefficace nel far fronte a questi fenomeni inediti. Si vedrà, al contrario, che le attuali leggi potrebbero essere utilizzate per evitare il dilagare dell'odio *online* tutelando al contempo la libertà di parola.

La trattazione partirà da una osservazione generale dei fenomeni di *hate crime* per poi soffermarsi sulle varie forme di *hate speech* specifiche del mondo *online*. Si

---

[2] In riferimento si veda Jean-Paul Sartre, *"L' intelligibilità della storia. Critica della ragione dialettica"*, 1960, Ed. Marinotti

osserveranno poi le peculiarità criminologiche del reo in relazione alle diverse categorie colpite.

Per la redazione della prima parte[3] sono state utilizzate **raccolte di dati, testi e ricerche** italiane ed estere affiancate ad **analisi dirette** del fenomeno. In particolare devono essere citati i numerosi contatti che sono stati presi con Erika Mattina e Martina Tammaro (fondatrici di una pagina Instagram seguita da circa 40 mila utenti e dedicata alla sensibilizzazione contro l'odio *online* dovuto all'orientamento sessuale), con i soci e fondatori della *startup* giuridica *Chi Odia Paga* dedicata al contrasto all'*hate speech* e con le numerose vittime che si sono offerte di raccontare la loro diretta esperienza al fine di favorire una migliore analisi del fenomeno.

Nella seconda parte verrà analizzata l'attuale **situazione normativa**.

La tematica dell'*hate speech online* affronta delle problematiche nuove e che superano i confini nazionali. Si è scelto per questo di ricercare, raccogliere e analizzare la **normativa sovranazionale**[4] alla luce dell'influenza che essa ha nei confronti della legge penale italiana. Poiché non esistono testi accademici che svolgano un'analisi completa ed organica della questione, si è scelto di attingere direttamente alle **norme sovranazionali** e di porre attenzione anche alle **sentenze della Corte Europea dei Diritti dell'Uomo**.

L'analisi della **normativa nazionale**[5] è stata affrontata in modo distinto per la tutela da *hate speech online* "generico", cioè contro ogni soggetto indipendentemente della motivazione della lesione, e per la tutela da *hate speech* nei confronti di particolari categorie colpite e ha permesso di osservare che la legge italiana si sofferma particolarmente sulla tutela delle vittime di aggressione razzista.

Per svolgere l'analisi sono stati utilizzati i testi della normativa vigente affiancati degli atti parlamentari delle commissioni che si sono occupate della redazione delle leggi in questione. Tale analisi non sarebbe stata possibile senza una diretta e piena disponibilità

---

[3] In riferimento si veda il capitolo 3
[4] In riferimento si veda il capitolo 4 paragrafo A
[5] In riferimento si veda il capitolo 4 paragrafo B

della segreteria della Camera dei Deputati che è stata più volte interpellata al fine di accedere ai testi integrali delle discussioni utilizzate.

Risulterà evidente che la normativa italiana vigente spesso presenta delle lacune applicative rispetto ai nuovi fenomeni *online* e che il crimine di *hate speech online* supera i confini nazionali. Per questo verrà anche svolta un'**analisi comparatistica** della normativa estera soffermandosi in particolare sui paesi che presentano molte similitudini rispetto all'ordinamento giuridico italiano e potrebbero, quindi, essere utilizzati sia come punto di partenza per sviluppare la normativa statale sia come riferimento per l'uniformazione internazionale delle norme.

Si osserverà inoltre che l'odio *online* non può essere combattuto dalle sole leggi (nazionali e sovranazionali) ma che, al contrario, serve un **lavoro comune di istituzioni e piattaforme** digitali private. Per questo saranno analizzate le regole interne delle piattaforme digitali soffermandosi in particolare sulla collaborazione tra gli enti pubblici e le aziende *leader* nell'ambito della comunicazione *online* come già previsto da alcune disposizioni sovranazionali in vigore. L'importanza del dialogo tra pubblico e privato è stata direttamente confermata sia da vari dipendenti di alcune delle aziende citate (contattati più volte proprio in merito alla tematica affrontata) che dall'Unione Europea. L'UE, infatti, ha in varie forme espresso il bisogno di una comunicazione veloce e diretta tra pubblico e privato al fine di migliorare il contrasto al fenomeno di *hate speech* che assumerà sempre maggiore rilevanza nei prossimi anni. Dalla capacità della legge di adattarsi alle attuali *rivoluzioni digitali* dipenderà il tipo di protezione che verrà garantita alle persone più deboli e, in taluni casi, dalle forme e dall'efficacia nel contrasto all'*hate speech* dipenderà anche la tenuta stessa del sistema democratico.

3. *I crimini di odio*

a. *L'attualità del tema: le caratteristiche note, i punti peculiari e le manifestazioni contemporanee*

I crimini d'odio, in inglese hate crimes, non sono un fenomeno recente. Ne è un esempio, tra i tanti, il Linciaggio di Duluth (Minnesota, USA), avvenuto nel mese di giugno del 1920: una folla di persone assalì tre persone con la pelle nera che erano state individuate arbitrariamente come le responsabili di una duplice violenza sessuale e, unicamente in ragione della loro etnia, dopo averle trascinate le trascinò per la strada, partendo dalla stazione di polizia dove già durante gli stupri erano detenute per altri crimini, le impiccò dopo un processo fittizio. I tre omicidi rimasero totalmente impuniti[6].

Una foto dei linciaggi scattata dal fotografo Lawrence Beitler

Dieci anni dopo, Il 7 agosto 1930 un altro caso ripeté lo stesso schema. Due uomini di colore, Thomas Shipp e Abram Smith, vennero accusati di aver ucciso un uomo bianco e di averne violentato la fidanzata. Anche in questo caso nessuna sentenza di condanna ufficiale venne mai pronunciata e, al contrario, ogni accusa era già caduta quando avvennero i linciaggi. La prova di questo terribile avvenimento venne immortalata in alcuni scatti tristemente noti. Sono visibili

---

[6] " Minnesota History: Judge Lynch in Minnesota", Marilyn Ziebarth (1996), Minnesota Historical Society, p. 71-73

persone che chiacchierano, ridono o bevono in amicizia sotto la cupa ombra dei cadaveri esattamente come se fossero ad una festa di paese[7].

Questi due casi non furono per nulla isolati: i linciaggi delle persone di colore (dalla nascita dell'organizzazione razzista Ku Klux Klan nel 1865) e delle minoranze etniche anche di Italiani[8] si ripeterono molte volte negli Stati Uniti.

Ciò che di questi avvenimenti incuriosì la criminologia non fu tanto la barbara violenza a cui le vittime furono sottoposte senza ragione ma l'identità dei soggetti che misero in atto il linciaggio. Nelle foto dell'epoca sono chiaramente distinguibili persone di tutte le estrazioni sociali, persone che non avrebbero mai commesso un omicidio, tantomeno contro soggetti disarmati e con modalità così violente.

Questo ha portato a domandarsi quali fossero le dinamiche di fondo di un'azione del genere, come potessero delle persone così lontane dall'idea che si aveva di *barbari assassini* compiere atti così atroci.

La risposta venne presto individuata. Le dinamiche di gruppo, infatti, modificano profondamente la psicologia dell'individuo portandolo ad agire in modi completamente distinti, non più come individuo ma come gruppo. La sensazione diffusa durante la commissione di questi crimini è quella di una totale impunità per quanto viene compiuto. Che si tratti del linciaggio di un uomo o del commettere atti di vandalismo[9] le dinamiche innestate sono sempre molto simili[10].

Anche nel tempo presente si possono individuare situazioni molto gravi definibili come crimini d'odio. Per identificarli è sufficiente fare riferimento alle pagine di cronaca nera di qualunque giornale, nelle quali si trova testimonianza di attacchi a soggetti inermi dovuti al loro orientamento sessuale, all'etnia, alla religione ecc.[11] Meno facilmente

---

7 «Anatomy of a Murder», David Bradley , The Nation, 24 maggio 2006

8 Salvetti, P., 2003. Corda e sapone: storie di linciaggi degli Italiani negli Stati Uniti. s.l.:Donzelli Editore, p. 11-16

9 «Roma, Barcaccia sfregiata da ultrà Feyenoord: torna l'acqua, ma ci sono 110 scalfitture e danni permanenti»" Corriere della Sera – Edizione di Roma – 20 febbraio 2015

10 Curti, S., 2017. Criminologia e sociologia della devianza. Un'antologia critica. (II edizione) a cura di Padova: Cedam.

11 "Picchiato solo perché gay: il buttafuori difendeva gli aggressori" Repubblica – Bologna - 14 febbraio 2020

individuabili, ma dagli effetti altrettanto dannosi, sono gli attacchi realizzati attraverso i mezzi informatici e telematici, che saranno oggetto specifico di questa tesi. L'individuazione di un crimine d'odio può avvenire in modo *intuitivo*. Al contrario, l'individuazione dal punto di vista giuridico risulta essere particolarmente problematica.

Un "crimine d'odio" ha spesso natura controversa poiché in primo luogo l'hate crime si interseca pericolosamente con la limitazione della libertà di espressione (come nel caso dell'*hate speech*) ed in secondo luogo perché i confini della disciplina volta all'identificazione dei crimini d'odio sono estremamente sfumati ed in continua variazione.

Questo problema si pone come primario quando si tratta di odio online, sia per la mancanza di una legislazione *ad-hoc*, sia perché il reo e la persona offesa sono difficilmente individuabili (ad esempio quando le forme d'odio si rivolgono ad un gruppo indefinito di persone come "gli immigrati", "gli omosessuali" ecc.) facendo addirittura dubitare taluni della reale necessità di una repressione penale per tali fenomeni.

Alcune linee guida per l'individuazione dei **crimini di odio** (*hate crime*) possono essere identificate nella definizione che ne dà l'Ocse: "Per essere considerato crimine d'odio, l'illecito deve soddisfare due criteri: in primo luogo, deve costituire reato in base alla legge penale; in secondo luogo, deve essere motivato da un bias"[12]

Come bias (cognitivo) è possibile definire tutto ciò che, in modo sistematico, crea delle categorie già determinate per *accelerare* il processo decisionale. Tale *velocizzazione* del pensiero contiene, però, un errore nella scelta razionale poiché le scelte e le esperienze passate potrebbero non essere razionalmente concordi con le esperienze future. Un

---

[12] In riferimento si veda il sito web hatecrime.osce.org in particolare il rapporto Ocse: "*Hate Crime Reporting*"
Testo originale: "To be considered a hate crime, the offence must meet two criteria: First, the act must constitute an offence under criminal law; second, the act must have been motivated by bias"

La stessa definizione viene accolta da altri autori trattanti i crimini d'odio come Frederick M. Lawrence (Docente, giurista e esperto di diritti sociali americano) nel testo «Punishing Hate; Bias Crimes under American Law» (II edizione) a cura dell'Harvard University Press, 2002

sinonimo non lontano dal reale significato è *"pregiudizio"*, sebbene nella letteratura psicologica tali concetti difficilmente coincidano perfettamente.

Nella dottrina italiana[13] si propone anche la seguente definizione[14]: "gli hate crimes sono quei crimini commessi nei confronti di determinati soggetti a cagione della loro appartenenza ad un particolare gruppo sociale, identificato in base alla razza, all'etnia, alla religione all'orientamento sessuale, all'identità di genere". Sebbene per sommi capi possano sembrare simili, le due definizioni si differenziano perché solo la seconda utilizza dei criteri già pre-definiti per individuare tali crimini, attraverso una lista chiusa. Questo potrebbe impedire di riconoscere come crimine d'odio e sottrarne alla tutela alcune tipologie di condotte d'odio solo perché anno una loro caratteristica peculiare. Su questo punto la stessa Ocse precisa che "Le motivazioni di tali bias possono essere generalmente definite come opinioni negative preconcette, ipotesi stereotipate, intolleranza o odio dirette a un particolare gruppo che condivide una caratteristica comune (…) **o qualunque altro tipo i caratteristica**"[15]

Tale chiusura, posta dopo un elenco di casi, porta a pensare che la caratteristica non debba essere definita a priori né, tantomeno, che alcune leggi possano escludere alcune categorie di crimini d'odio perché non presenti in una lista chiusa[16]. Questo ampliamento della tutela aperto potenzialmente ad infinite categorie di soggetti si rivela coerente con la tutela che deve essere data alle vittime ma rende anche più sfumati i confini nella quale si collocano i crimini d'odio. Se in un primo momento la differenziazione di cosa sia o meno definibile come *hate crime* può sembrare squisitamente dottrinale, una analisi

---

[13] Luciana Goisis, «Crimini d'odio, discriminazioni e giustizia penale», Jouvene Editore 2019, p.16

[14] La definizione di seguito «*accoglie preliminarmente la definizione*» Ocse, tuttavia ne verranno evidenziate alcune differenze. Tale definizione viene citata da Goisis nella «sezione prima: gli aspetti definitori» del libro «Crimini d'odio, discriminazioni e giustizia penale»

[15] Testo originale: "*Bias motivations can be broadly defined as preconceived negative opinions, stereotypical assumptions, intolerance or hatred directed to a particular group that shares a common characteristic (…) or any other fundamental characteristic.*"

[16] Un esempio di tale fenomeno si può addirittura trovare nella novella Rosso Malpelo di Giovanni Verga nella quale il protagonista veniva bersagliato "*perché aveva i capelli rossi; ed aveva i capelli rossi perché era un ragazzo malizioso e cattivo*".

più approfondita del fenomeno evidenzierà come tal distinzione sia fondamentale per porre in essere una tutela penale adeguata. La stessa Ocse evidenzia il fatto di non aver riportato "informazioni sulla discriminazione o sull'hate speech poiché non vi è consenso all'interno degli Stati facenti parte dell'Ocse sulla necessità di quali atti criminalizzare"[17]

Un altro *report* della medesima organizzazione[18] pone l'accento sulla estrema attualità del fenomeno. Già nelle prime righe del *report* si evidenzia che i dati relativi ai fenomeni d'odio sono raccolti dal Ministero dell'Interno in collaborazione con le forze dell'ordine e **non sono pubblicamente disponibili**. Tuttavia anche dai pochi dati a disposizione l'Ocse è riuscita a delineare un quadro piuttosto definito dell'andamento del fenomeno. Tali analisi si basano su dati di organizzazioni dalla conclamata attendibilità (come *The Observatory for Security against Acts of Discrimination* - OSCAD) e altre fonti in grado di raccogliere i report di Carabinieri e Polizia delle singole aree, aggregando poi i dati per avere un quadro nazionale completo. Non sono, invece, direttamente disponibili dati in relazione alla popolazione (ad esempio se l'odio sia maggiore tra giovani o anziani) proprio per la scarsa accessibilità in riferimento ai dati ufficiali. I casi registrati comprendono sia azioni contro la persona (ad es. assalto a persona perché gay, rom, sinti ecc.) sia *hate speech* (*online* oppure *offline*). Scelta interessante è, invece, quella di non includere nel conteggio tutti i casi in cui il movente è ambiguo. La violenza domestica, ad esempio, è stata inclusa soltanto se nella analisi del singolo caso emerge che essa sia dovuta in modo diretto ad un bias (ad esempio di genere o razziale) e non nei casi in cui sia dovuta ad altre dinamiche famigliari. Allo stesso modo l'Ocse ha scelto di non includere tutti i casi di gelosia morbosa che non abbiano alla base un pregiudizio poiché, sebbene estremamente gravi, non rientrano in modo specifico nella tematica affrontata utilizzando la definizione precedentemente indicata. Sono, invece, *hate crimes* i reati motivati esplicitamente dal genere. In questo caso ci si riferisce ad essi come *gender*

---

[17]In lingua originale: "(…) *does not present information about discrimination or hate speech because there is no consensus in the OSCE region about whether these acts should be criminalized.*"

[18]Disponibile sul sito web hatecrime.osce.org/italy

hate crimes proprio per definirli rispetto agli altri casi. I *gender hate crimes* possono comprendere sia una lesione alla persona sia un attacco continuo e ripetuto attraverso la semplice comunicazione.

Per il 2014, il primo anno della rilevazione, sono stati registrati dall'Ocse 596 *hate crimes*; tale numero è rimasto stabile (555 casi) nel 2015 per poi aumentare nel 2017 (1048 casi) e nel 2018 (1111 casi). I dati presentati sono estremamente significativi perché potrebbero evidenziare sia una sempre maggiore rilevanza della tematica, sia una più alta sensibilità dei cittadini nella denuncia di tali fenomeni. Viste le difficoltà riscontrate nella raccolta e catalogazione di dati certi, è opportuno pensare che tali statistiche siano solo indicative e che i reali casi potrebbero essere anche di molto eccedenti a quanto riportato; a ciò si aggiunge il fatto che non è possibile rilevare tutti i casi in cui la situazione non viene mai evidenziata o denunciata né i casi in cui, soprattutto online, la vittima non sporge alcuna denuncia formale.

Il problema sempre crescente dell'***hate speech* attraverso internet** si pone quando si cerca di avere un quadro complessivo del fenomeno. Molte vittime, infatti, si limitano a "bloccare" chi mette in atto tali condotte attraverso la apposita funzione messa a disposizione dal *social network* senza però formalizzare alcun tipo di richiesta di risarcimento o di sanzione. Tali casi sono ignoti e non possono essere in nessun modo conteggiati nelle statistiche Ocse.

Nel corso del tempo l'*hate crime* ha assunto molte forme. Se, con l'ottica odierna, è possibile identificare un crimine d'odio nei fatti descritti ad inizio capitolo è anche vero che tali forme sono state affiancate da altre ben più subdole e più difficilmente individuabili. Il desiderio di vendetta, di giustizia sommaria non si è spento nell'umanità ma, piuttosto, è mutato. Da un lato saranno osservabili ancora per molto tempo cronache di omicidi motivati da bias, dall'altro il sistema messo in atto ha fatto uso sempre più diffusamente di azioni che vanno oltre la violenza fisica come la diffamazione e l'*hate speech*. Larga parte dell'odio represso, motivato da pregiudizi e idee non corroborate da fatti, si è mosso per utilizzare la continua gogna pubblica molto meno tangibile. Esattamente come i linciaggi del 1800, il reo non è *profilabile* come un soggetto antisociale. Egli, al contrario, è spesso molto ben integrato nel tessuto sociale. Tale *profilazione*[19], che pone le sue radici nelle differenze criminologiche che ci sono tra i vari tipi di *hate crime*, verrà trattata nel capitolo seguente anche in relazioni con specifici casi.

---

[19] Termine aggiunto nel 2008 ai neologismi della Enciclopedia Treccani. Definibile come "*stesura di un profilo, mediante l'identificazione e la raccolta dei dati personali e delle abitudini caratteristiche di qualcuno*"

b. Definizione dei crimini d'odio in generale, e differenze \ punti comuni tra Hate crime e Hate speech

La terminologia che si riferisce all'*hate crime* nasce negli Stati Uniti. Attraverso la consultazione degli archivi di alcuni giornali nazionali è possibile osservare che i **"crimini d'odio"** (con la dicitura in lingua italiana) vengono nominati per la prima volta nel **1999**[20] in un articolo riportante le parole di Albert Arnold Al Gore, un politico statunitense che dal 1993 al 2001 ha ricoperto la carica di 45° Vicepresidente degli Stati Uniti d'America durante la presidenza di Bill Clinton. In tale articolo Gore spiega le ragioni della sua candidatura alla presidenza dicendo di voler affrontare un programma incentrato su economia, diritti civili, ambiente ed internet. L'articolo, tuttavia, si concentra su altro tra cui le relazioni economiche tra USA, Europa e Russia. L'unica dichiarazione di interesse per questa trattazione è l'intenzione di «*approvare una legge nazionale sui crimini d' odio, rafforzare le leggi sui diritti civili*» al fine di contrastare i "crimini d'odio".

La dicitura inglese (***hate crime***) compare nel 1999 con riferimenti continui alla situazione nordamericana e in particolare trattando i crimini d'odio con base razzista. Vista la terminologia ancora poco usuale per l'opinione pubblica italiana, il corrispondente accompagna la scritta sempre con la traduzione di "reato ispirato dall'odio"[21].

---

[20] la Repubblica 30 dicembre 1999 pag. 17 sez. Politica Estera, Traduzione di Luis E. Moriones

[21] «*Le televisioni americane hanno subito parlato di hate crime, di reato ispirato all' odio*», Follia razzista a Chicago, la Repubblica 04 luglio 1999 pag. 19 sez. Politica Estera, corrispondente Arturo Zampaglione

Usa, Caccia alla belva bianca per un delitto razzista, la Repubblica 05 luglio 1999 pag. 17 sez. Politica Estera, corrispondente Arturo Zampaglione

Anni dopo, nel **2007**, si ritrovano i primi articoli riferibili alla aggressione del presidente dell'Arcigay e alla relativa richiesta al sindaco Moratti da parte della organizzazione GayLeft[22] di istituire un osservatorio comunale sui crimini d' odio[23].

Nello stesso anno, il **2007**, compare sui giornali italiani il termine ***hate speech***[24]. L'articolo offre interessanti osservazioni circa l'odio verbale nella politica americana. In particolare l'autore osserva che in una discussione politica «*Si vince anche con una gestione attenta degli hate-speech (discorsi di odio: avere sempre un nemico chiaro a disposizione e scagliarsi contro di lui). Ci vuole faziosità ma sempre negandolo, e anzi attribuendo il pregiudizio agli avversari*». Pur essendo cambiati i mezzi tecnologici e i bersagli dall'anno 2007, l'utilizzo dell'hate speech in politica (e non solo) è sempre stato diffuso.

Osservata la nascita (e acquisizione) della terminologia nel panorama italiano, è necessario analizzare le differenze ed i punti in comune tra hate cime ed hate speech.

La definizione data **dell'hate crime** dall'FBI è molto simile a quella dell'Ocse. L'hate crime viene definito come «*reato compiuto nei confronti di una persona o di un proprietà [privata] che sia motivato in tutto o in parte da un bias di chi compie l'atto basato su razza, religione, disabilità, orientamento sessuale, etnia, genere o identità di genere*[25]».

L'hate speech, invece, è definibile come «Discorso pubblico che esprime odio o

---

[22] Associazione di attivismo a favore delle persone omosessuali ispirato alla organizzazione ed al giornale britannico nato nel 1975 e ufficialmente estinto nel 1980 negli UK. Tale gruppo nel Regno Unito si dichiarava di stampo Marxista.

[23] la Repubblica, 17 maggio 2007 pag. 4 sez. Milano, di Anna Cirillo

[24] La guerra delle parole, la Repubblica, 08 gennaio 2007 pag. 35 sez. Cultura, Giancarlo Bosetti

[25] «criminal offense against a person or property motivated in whole or in part by an offender's bias against a race, religion, disability, sexual orientation, ethnicity, gender, or gender identity»; Office for Intellectual Freedom, American Library Association

incoraggia alla violenza verso una persona o un gruppo basato su (una categoria) come razza, religione, sesso o orientamento sessuale»[26].

Attraverso queste due definizioni è possibile identificare facilmente i punti in comune. Sia l'hate cime che l'hate speech sono indirizzati nei confronti di soggetti scelti non nella loro individualità ma in quanto appartenenti ad un gruppo. Spesso tali gruppi sono visti come minaccia da parte dell'aggressore non soltanto in modo classico e ben definito (le persone "di colore" per la "razza ariana") ma anche più blando ("gli immigrati" per i loro "costumi che rubano la tradizione" oppure "gli omosessuali con costumi anormali") mescolandosi di fatto con la libera espressione del pensiero e con la legittima opinione politica e ponendo, quindi, il dilemma riguardante quanto tale pensiero sia legittimo e quanto, invece, debba essere represso. Diventa quindi chiaro che entrambe le definizioni possano essere intese in via estensiva, portando ad aggiungere come categoria stigmatizzante (e "da eliminare" agli occhi dell'aggressore) ciò che di volta in volta univocabilmente scatena l'odio per la vittima.

Considerando unicamente le definizioni di cui sopra, si potrebbe incorrere nell'errore di considerare l'hate speech come parte degli hate crimes. Se l'*hate crime* fosse definibile come *reato d'odio* e l'*hate speech* come *"parola che esprime l'odio"*, allora sarebbe corretto immaginare due insiemi in cui il più grande, *l'hate crime*, comprenda completamente gli hate speech. In tale ipotesi il punto comune sarebbe la funzione che l'hate speech ha nei confronti dell'hate crime, quasi che la *"parola-odio"* fosse un primo segnale del futuro compimento del reato d'odio *fisico*. Tale ipotesi, sebbene possa essere corretta in alcuni contesti (ad esempio discorso razzista precedente ad un pestaggio) non potrebbe essere univocabilmente valida. Questo in funzione del fatto che non solo *hate crime* ed *hate speech* non sono sempre e perfettamente sovrapponibili, ma anche considerando che una condotta può essere messa in atto senza implicare necessariamente l'altra infatti è interessante osservare come coloro che mettono in atto condotte di *hate*

---

[26] «Public speech that expresses hate or encourages violence toward a person or group based on something such as race, religion, sex, or sexual orientation; Meaning of hate speech in English; Cambridge Dictionary

speech talvolta sono soggetti anche completamente estranei alle altre condotte di *hate crime*[27].

Negli ultimi anni si è innescato un processo lento ma costante tale da portare ad una sempre maggiore consapevolezza nei confronti di cosa sia l'hate crime. È stata, per esempio, chiaramente riconosciuta la sua lesività nell'ambito dell'orientamento sessuale, del genere, in base alla "razza" ecc. portando i parlamenti a varare leggi *ad-hoc* per contrastare il fenomeno. Soprattutto gli *hate crimes* che si concretizzano in manifestazioni fisiche e violente contro il gruppo opposto hanno destato seria preoccupazione nell'opinione pubblica e nella politica portando fin da subito all'introduzione di contromisure sia a livello di istruzione (con programmi educativi dedicati) sia a livello di repressione penale. Al contrario, l'hate speech è un fenomeno molto più nascosto che difficilmente viene individuato e ancor più combattuto. In alcuni frangenti nel dibattito pubblico se ne è messa anche in dubbio la reale lesività portando a sottostimare un fenomeno molto complesso e talvolta difficilmente comunicabile in modo efficace. Perché il messaggio all'opinione pubblica teso a contrastare un fenomeno sia efficace, infatti, serve che sia immediato e veloce.

La difficoltà nell'identificare la lesività del fenomeno è data anche dalla differenza che intercorre tra gli individui che compiono l'hate crime da coloro che mettono in atto condotte di hate speech. Mentre nell'hate crime spesso ci si trova di fronte a gruppi di soggetti che fisicamente sono pronti a sopraffare la vittima, nell'hate speech si trovano spesso testimonianze di cronaca riportanti casi in cui degli insegnanti, allenatori e genitori insospettabili si scagliano contro un determinato gruppo sociale[28]. La trasversalità dei

---

[27] Report di Equality.fi, un data base presieduto dal Ministry of Justice Finlandese

[28] «Insulta Greta Thumberg sui social, licenziato allenatore di calcio», La Nazione, ed. di Grosseto, 30 settembre 2019

«Didattica a distanza: anche online chi offende i docenti», Pasquale Almirante, La tecnica della scuola, 25 marzo 2020

soggetti insospettabili che compiono questo tipo di atti rende difficile combattere tali attacchi attraverso processi di prevenzione.

Per identificare il fenomeno dell'hate speech, infine, è utile osservare i punti definiti nel report "Hate Crime and Hate Speech in Europe" finanziato dal Programma per i Diritti Fondamentali dell'Unione Europea e con la collaborazione del CNR. Nel report vengono identificate cinque componenti dell'hate speech da tenere in considerazione nell'analisi dei singoli casi. Tali caratteristiche non sono utili unicamente per fondare un criterio di analisi criminologica ma anche per poter definire i confini della azione repressiva e rieducativa della legge.

Le caratteristiche sono: il contenuto, il destinatario, il contesto, gli effetti e il mezzo.

Per **contenuto** viene inteso il messaggio che viene comunicato. È l'analisi del contenuto a determinare successivamente se il messaggio sia stato davvero lesivo. Per configurarsi una delle aggravanti ipotizzate nelle proposte di legge precedentemente viste, inoltre, tale messaggio deve essere rivolto nei confronti di una persona (**destinatario**) stigmatizzata attraverso una o più delle caratteristiche identificate come meritevoli di tutela. Ciò comporta una particolare attenzione alla possibilità che il destinatario sia chiaramente identificato o identificabile. Viene data attenzione particolare anche al contesto e agli effetti provocati. Il **contesto** assume rilevanza nella forma in cui un messaggio non sia univocamente espressione di odio ma, al contrario, abbia una connotazione che deve essere contestualizzata al fine della comprensione e della repressione dell'atto. In altri termini deve essere appurato l'intento lesivo in modo tale da evitare che una espressione di opinione politica e neutrale, per quanto sgradevole, venga punita come atto d'odio. Per la stessa ragione devono essere valutati gli **effetti** della parola che devono aver **concretamente causato** un danno al soggetto destinatario. In ultimo rileva il **mezzo** che deve dare **diffusione** al messaggio e creare quindi la lesione. Su questo ultimo punto si è ampiamente discusso se l'espressione di odio online fosse concretamente assimilabile ad una espressione trasmessa con forme tradizionali e se essa dovesse essere considerata per l'essere destinata alla vittima o per la diffusione capillare del messaggio.

c. *Hate speech online e offline: punti comuni e differenze*

L'analisi sarebbe incompleta se ci si soffermasse soltanto agli effetti che le azioni di odio hanno sulla *realtà materiale*. Tale definizione non può essere univoca. In **primo** luogo si riscontra una forte differenza tra le dinamiche criminologiche che comportano la modificazione del processo criminogeno, del profilo tipico del reo e della pressione sociale posta sulla vittima in relazione alla potenziale *viralità* del messaggio. In **secondo** luogo la variazione avviene sul piano della qualificazione giuridica che prima dell'avvento delle tecnologie di massa (internet) era principalmente basata sulla dicotomia tra **messaggio privato** di un soggetto o di un gruppo (limitato) nei confronti di una o più vittime e **messaggio pubblico** principalmente unidirezionale di un soggetto (in larga parte il giornalista o un opinionista) nei confronti di una o più vittime.

L'*hate speech* ha assunto una maggiore rilevanza dal punto di vista giuridico e nella consapevolezza dell'opinione pubblica con l'avvento del mondo digitale. La prima *fase* di internet si ha in Italia negli anni '90[29]. In quel periodo la rete era frequentata principalmente da appassionati e da persone con specifiche esigenze lavorative come, ad esempio, le banche che sperimentavano dei sistemi interni di comunicazione tra filiali. Con gli anni 2000 aumentò la diffusione dei sistemi informatici connessi alla rete e si formarono alcune comunità di persone accomunate da interessi tra i quali spesso spiccava l'informatica. Per contestualizzare il periodo è utile riferirsi alla storia del gruppo Anonymous[30]. Questo gruppo, identificato sotto un unico nome ma in realtà comprendente sia hacker autonomi che gruppi autonomamente organizzati, si prefigge

---

[29] Il 30 aprile 1986 avviene la prima connessione ad internet in Italia (Pisa). Nel 1987 sono connessi ad internet 10000 computer e viene registrato il primo dominio italiano (*cnr.it*).

[30] Motto: «*We are Anonymous. We are legion. We do not forgive. We do not forget. Expect us!*»; Simbolo: Maschera di Guy Fawkes

uno scopo comune[31] che potrebbe essere identificato nel controllo agli apparati rappresentanti "il potere costituito" attraverso l'attacco ad alcune piattaforme o individui considerati pericolosi per l'esercizio democratico. Alcuni attacchi informatici che sono stati rivendicati da frange italiane di tale gruppo riguardano la modifica o cancellazione di siti web e pagine Facebook governative o di soggetti politici, la violazione di database ministeriali o di alcuni partiti, l'attacco telematico a soggetti considerati pedofili attraverso le segnalazioni ricevute online ecc. La fondazione del gruppo è riconducibile all'anno 2002. Lo stesso nome identifica correttamente il periodo in cui il gruppo nasce. Esso è basato sul *nome utente* (chiamato *nickname*) assegnato automaticamente agli utenti del sito *web* 4chan[32] che non avessero completato il processo di autenticazione (chiamato *login*) e che erano, quindi, "anonimi" e non identificabili.

Visto l'ampio uso di piattaforme simili, l'anonimato di internet diventò la forza dei primordiali *social*. In un mondo telematico basato sull'anonimato si ebbe la nascita di due correnti contrapposte. La azione positiva fu che gli attivisti e giornalisti non liberi di esprimere idee e denunciare soprusi uscirono dall'ombra e, protetti dalla sicurezza della non-identità, riuscirono ad ottenere il supporto anche di studenti dei college e altri utenti connessi in rete. Tale esercizio democratico sarebbe impossibile se nella rete venisse richiesto un *login* a qualunque piattaforma attraverso mezzi certificati dallo stato (come uno SPID[33] omnipervasivo). D'altra parte il fenomeno della percezione di un falso anonimato condusse inevitabilmente alcuni soggetti a creare gruppi e comunità dediti a denigrare un certo gruppo identificato attraverso una o più caratteristiche comuni. Questo portò alla accentuazione dell'aspetto negativo della rete, oscurando di fatto tutti

---

[31] «Anonymous è la prima coscienza cosmica basata su Internet, Anonymous è un gruppo, nello stesso senso in cui uno stormo di uccelli è un gruppo. Come si fa a sapere che è un gruppo? Perché viaggiano nella stessa direzione. In qualsiasi momento, più uccelli possono unirsi, lasciare lo stormo o staccarsi completamente verso un'altra direzione» Chris Landers, Baltimore City Paper, 2 aprile 2008

[32] Sito web di *imageboard* cioè basato sulla possibilità di raccogliere e condividere immagini. Per ottenere un riferimento attuale si potrebbe pensare ad un antenato del social Instagram ma senza la necessità di una registrazione da parte dell'utente.

[33] Sistema Pubblico di Identità Digitale

gli aspetti positivi e portando alla percezione di internet nella sua totalità come luogo estremamente pericoloso[34].

Si possono identificare due caratteristiche comuni delle condotte d'odio sia *online* che *offline*: le **motivazioni** e le **condotte**. Tali categorie a loro volta sono divisibili in alcuni elementi che possono essere rinvenuti nella maggior parte delle condotte di *hate speech*. Le **motivazioni** principali sono i nazionalismi, la religione ed il razzismo a cui si aggiungono ragioni che hanno sempre più risalto come il genere, l'orientamento sessuale, la *"classe sociale"*, le opinioni politiche o anche ragioni di tifoseria calcistica. Le **condotte** messe in atto, invece, si possono ricondurre a violenza, ostilità e discriminazione.

Per ottenere un quadro più chiaro vanno aggiunti alla definizione anche i motivi non inclusi nella lista predeterminata ma che possono in ogni caso generare un pregiudizio nei confronti della vittima.

Dal punto di vista delle differenze che intercorrono tra odio online e offline sono identificabili **cinque** importanti **caratteristiche** che vengono riportate sia in alcuni report Unesco[35] sia in alcuni testi sul tema e sono peculiari dell'odio online.

Il più facile da individuare è anche il maggiormente lesivo e risiede nella **permanenza** del contenuto d'odio. Nulla di ciò che viene caricato su internet può essere davvero cancellato. Questo è lampante attraverso l'esempio di ciò che succede nei social delle persone del mondo dello spettacolo: nel momento in cui un contenuto compare, anche se destinato ad autodistruggersi in 24 ore[36], viene immediatamente salvato sui propri dispositivi da altri utenti che in un secondo momento sono liberi di ri-pubblicare il contenuto nel luogo da loro ritenuto più opportuno senza necessitare di alcun tipo di autorizzazione.

---

[34] «Internet: Il far West dove tutto è permesso»; La Provincia di Cremona, 03 Aprile 2017

[35] UNESCO. Director-General Deputy, 2015

[36] Con riferimento esemplificativo alle *storie* di Instagram. Contenuti *caricati* spesso sull'onda emotiva del momento, non strutturati e a volte imbarazzanti. Tali contenuti sarebbero destinati ad autodistruggersi dopo 24 ore ma tale limite è facilmente aggirabile.

Questa condotta è accettata dalle persone in note nel mondo dello spettacolo poiché ne aumenta esponenzialmente la visibilità ma la stessa procedura può essere applicata anche su *account*[37] di utenti comuni che, in un momento emozionale molto forte, carichino contenuti non esattamente adeguati. Tali contenuti saranno eternamente disponibili online e a nulla sarà valso il tentativo di cancellazione da parte dell'utente iniziale. Se tale diffusione può essere data a scritte, video, immagini ecc. che lo stesso utente ha intenzione di eliminare, a maggior ragione diventa impossibile arginare la pubblicazione di un contenuto d'odio che l'utente iniziale ha volutamente condiviso. Si pensi a titolo esemplificativo ai *meme*[38] cioè vignette satiriche con testo didascalico che, talvolta, contengono battute di carattere omofobo, razzista, misogino ecc. Tali contenuti in poche ore sono ripresi da moltissimi utenti sfuggendo al controllo iniziale e restando disponibili anche dopo molti anni. La caratteristica di permanenza del messaggio ne comporta un'altra: la **diffusione** del contenuto potenzialmente infinita di utenti, immediata e esponenziale, in grado di raggiungere ad una platea incalcolabile di utenti e per un **tempo non determinabile**[39].

Un altro criterio rilevante dell'odio online è proprio la possibilità di un **ritorno imprevedibile** cioè che il contenuto, una volta superata la tempesta iniziale, affronti un periodo di quiete per essere automaticamente o manualmente riproposto dopo molto tempo. Un esempio di questo sistema si ha nell'osservazione dei video automaticamente consigliati sulla piattaforma YouTube che a volte risalgono a alcuni anni prima. A questo ritorno imprevedibile e automatico si aggiunge anche la possibilità di riprendere il contenuto manualmente. Un esempio è il video hot della attrice e modella Belen

---

[37] Area di un sito *web* riservata ad uno specifico utente. L'accesso avviene tramite *username*

[38] Termine utilizzato nella prima volta nel 1976 nel libro "Il gene egoista" (*The Selfish Gene*). Dall'inglese "*a meme*" cioè imitazione. Deriva dal greco *"mīmēma"*, imitazione.

[39] Il riferimento deve andare, ad esempio, alle piattaforme come Twitter, Instagram o, più recentemente, TikTok che offrono tre aree rispettivamente chiamate *trading topics*, *consigliati* e *per te* funzionanti attraverso un algoritmo che incrocia le preferenze personali con il numero di visualizzazioni di un contenuto. Più il contenuto viene rilevato interessante per gli utenti simili al destinatario (numero di visualizzazioni, tempo di visualizzazione, *like*...) più il contenuto sarà visualizzabile. Questo porta anche a isolare politicamente e moralmente l'utilizzatore proponendo unicamente contenuti con cui sarà d'accordo o che genereranno in lui forte odio al fine di aumentare la permanenza online.

Rodriguez caricato su internet in circostanze dubbie e poi rimosso che torna costantemente online nonostante le denunce e portando, con la pubblicazione del video, anche un elenco di insulti e *apprezzamenti* per nulla richiesti[40].

Gli insulti rilevabili online sono spesso coperti dall'**anonimato**, reale o supposto[41], che offre uno *schermo* del senso di colpa che la stessa condotta nella vita *offline*[42] genererebbe. Sebbene l'illusione di non poter essere identificati *online* potrebbe incentivare le condotte di *hate speech* è anche stato osservato che la possibilità di ricondurre *l'account* al reale proprietario tramite nominativo non previene efficacemente i discorsi di odio. Ne è un esempio il social network Facebook che ha portato alcuni utenti ad insultare pur mostrando pubblicamente sullo stesso *social* e con lo stesso *account* (e quindi direttamente connesso) le proprie generalità reali, il luogo di lavoro e le foto della propria famiglia[43].

In ultimo, è da evidenziare anche la **transnazionalità** del contenuto, cioè la possibilità per un soggetto di rendere pubblici istantaneamente e globalmente discorsi di odio pur trovandosi fisicamente in un altro Stato o in un altro continente.

I fattori fin qui analizzati evidenziano quanto il fenomeno dell'*hate speech online* sia in crescita e difficile da contrastare rispetto all'equivalente *offline*. È più difficile sia **reprimere** tali condotte che **identificare** il reo (spesso insospettabile) ed **individuarne** le motivazioni connesse all'azione criminosa ai fini di una adeguata prevenzione del fenomeno.

---

[40] «Belen Rodriguez, rispunta il video a luci rosse ma la legge non può aiutarla»; M. G. Guizzi; 3 dicembre 2019; metroweek.it

[41] Gran parte degli utilizzatori di un utente "anonimo" o con nomi falsi sono facilmente rintracciabile attraverso identificativi della macchina (MAC) o della rete (IP) dalla quale si collega

[42] Si pensi al social network Ask che offre la possibilità di porre domande (o insulti) agli utenti registrati. Lo stesso social ha attualmente inserito una clausola per l'utente nel caso di scelta di utilizzare l'anonimo che avverte della possibilità per il social di rintracciare il reale utilizzatore nonostante non si identifichi tramite la registrazione preventiva di alcune informazioni utili (quali IP address, MAC address, browser utilizzato...) a seguito di una denuncia alle autorità.

[43] Haters: condanna a 18 mesi per insulti su Facebook, Davide Madeddu, Il Sole 24 Ore, 4 ottobre 2018

d. L'hate speech con mezzo online nello specifico:
Profilo criminologico e casi esemplificativi

In questo capitolo si affronterà la tematica dell'hate speech online nello specifico. Poiché si tratta di un aspetto nuovo anche per la criminologia, sono evidenziabili continue evoluzioni nelle teorie elaborate. Tale continua evoluzione, tuttavia, non ha implicato che non potessero essere identificati dei punti comuni alle singole condotte. Per una più chiara comprensione dell'argomento sarà, inoltre, necessario utilizzare dei casi esplicativi. Talvolta essi saranno casi di cronaca mentre in altri ci si baserà sulla testimonianza diretta delle vittime di tale odio.

I. Manifestazioni di odio politico, razziale e religioso

L'odio politico rappresenta una parte importante dell'odio online. I modi in cui esso può essere declinato sono molteplici. In primo luogo l'odio può essere indotto dall'influenza di una figura carismatica o dal periodo storico che spingono l'individuo a compiere azioni che non farebbe individualmente. In questo caso l'odio viene canalizzato verso alcuni capri espiatori ben precisi che corrispondono agli avversari politici della figura leader. La stessa condotta, al contrario, può provenire dal contesto in cui il soggetto vive e dall'educazione che riceve e non essere quindi dovuta ad uno stimolo esterno diretto.
L'odio politico online può essere considerato come estremamente interconnesso con l'odio razziale. L'odio politico online, infatti, nasce nella espressione di pensieri razzisti soprattutto inneggianti all'affermazione della "razza ariana" e allo sterminio della "razza ebraica" in piattaforme direttamente basate sullo scambio non filtrato tra gli utenti. Tale scambio di informazioni aveva – e, in misura minore, ha ancora – la funzione di rinforzare l'odio all'interno di una comunità chiusa che non ammette alcun pensiero in senso contrario. L'odio online nasce nell'ambito della *Alt-right* cioè la corrente politica inneggiante alla superiorità della *razza* bianca e, talvolta, ad un neo-nazismo o ad una

pulizia etnica. Nell'anno 2016[44] venne utilizzato un sistema estremamente esemplificativo per l'istigazione dell'odio razziale e politico online. Venne, infatti, creato un *meme* (cioè una vignetta satirica realizzata con immagini procurabili sul web) utilizzando il personaggio di un cartone animato: una rana. Assunse il nome di *Pepe the Frog* o anche *Sad Frog*[45] e ben presto venne utilizzata, soprattutto nel territorio degli Stati Uniti, quasi esclusivamente per la trasmissione via internet di idee razziste e omofobe.

L'odio politico *online*, tuttavia, non è una manifestazione esclusiva di pensieri e partiti estremisti. Il sistema di funzionamento stesso della Rete ha imposto che il futuro elettore sia sottoposto ad un continuo stimolo di informazioni. I contenuti non vengono recapitati al soggetto in modo ordinato ma, al contrario, appaiono confusi e difficili da ricordare. Questo impone che il *leader* politico, per poter far ricordare i punti chiave del proprio pensiero agli elettori, abbia bisogno di slogan semplici, veloci ed efficaci facendo prevalere messaggi facilmente memorizzabili rispetto ai discorsi articolati.

Una dei tipici meme di Pepe the Frog. Nella "bolla" della vignetta si legge: "Uccidi gli ebrei, amico!"

Non tutti gli slogan, però, possono essere ricordati quindi, per riuscire ad ottenere l'attenzione, i comunicatori di tutti i maggiori partiti hanno deciso di "estremizzare" il messaggio creando ad arte dei capri espiatori su cui indirizzare la colpa degli errori commessi e del malessere degli elettori.

Nei paesi anglosassoni la questione è stata analizzata molteplici volte. L'odio viene distinto tra *Hot Hate*, *Cool Hate* e *Anonymous Hate*[46].

---

[44] Dati disponibili attraverso il report della associazione ADL, impegnata dal 1913 nel contrasto di odio e antisemitismo

[45] Cioè Pepe la Rana o Rana Triste.

[46] Kucuk, S. U., 2016. *Brand Hate; Navigating Consumer Negativity in the Digital World.* edizione 2, Palgrave

L'autore è un esperto di comunicazione ed è rinomato nel settore della psicologia applicata al marketing e alla innovazione tecnologica.

L'*Hot Hate*[47] rappresenta la forma più aggressiva e facilmente identificabile dell'hate *speech* politico online. Tale condotta corrisponde all'identificazione tramite parole, immagini e video dell'avversario politico nel *nemico del popolo*. Con questo sistema comunicativo l'avversario può essere narrato come economicamente più avvantaggiato, suggerendo che questo lo possa allontanare dai reali bisogni dei cittadini oppure come ladro o truffatore, stupido e impreparato, raccomandato attraverso meccanismi di nepotismo ecc. Nelle fasi cruciali della campagna elettorale il leader potrà fornire anche informazioni volutamente forvianti o totalmente false (*fake news*) per sostenere la propria tesi. Uno strumento osservabile durante le più recenti campagne elettorali svoltasi in Italia e non solo è composto da una rete di siti web assimilabili per la grafica a testate giornalistiche[48] ma con informazioni faziose e talvolta promossi sulle pagine *social* dei sostenitori dei leader politici.
Il secondo tipo di odio è il **Cool Hate**[49], che rappresenta una forma di odio più blando e costante basato sull'ironia. Con questo secondo tipo di odio ci si riferisce all'avversario caricaturizzando la persona e il partito avversario. I caratteri che vengono utilizzati per la caricatura possono essere identificati ad arte usando difetti realmente esistenti o puramente immaginari. La ripetizione di questi blandi insulti sarà sempre simile e ripetitiva al fine di creare una idea distorta dell'avversario nei propri elettori. Esempi di tale condotta possono essere frasi come "Tizio certamente non capirà che questa proposta non funziona, del resto aspettarsi che tizio capisca…" o anche "Ci saranno a disposizione 12 miliardi…sempre che il partito Alfa non li rubi!".
L'ultimo tipo di odio è *l'Anonymous hate*. Si tratta del sistema maggiormente dispendioso e più efficace tra quelli elencati. Lo scopo del politico è di interpretare la

---

[47] Cioè Odio *Caldo*

[48] La grafica non si riferisce al nome della testata giornalistica. Il nome, infatti, è legittimo e non copiato tuttavia tale grafica è utilizzata da aggregatori di notizie come Google News per selezionare i siti web che, secondo gli algoritmi, meritano di essere riproposti all'utente poiché considerati credibili. Tali *fake news* vengono, quindi, riproposti agli utenti all'interno della raccolta di contenuti legittimi e ciò ne aumenta la credibilità «The science of fake news»; Science; Vol. 359, 09 March 2018

[49] Cioè *Odio Freddo* ma anche *Odio Bello*

persona distaccata dall'odio ed impegnata nel risolvere i problemi dei cittadini. Il *team* di comunicatori, al contrario, dovrà lavorare direttamente o attraverso altri soggetti per proporre argomentazioni di odio e discriminazione nei confronti dell'avversario attraverso siti web dedicati, blog e *post*[50] attraverso i *social network*. Questi contenuti non saranno mai direttamente riconducibili al politico o al partito. Se la campagna viene svolta correttamente tale pensiero verrà alimentato facendo sì che gli elettori in modo autonomo sviluppino contenuti simili a quelli inizialmente preventivati, con toni allarmistici e informazioni forvianti. Uno degli utilizzi che ne è stato fatto è la diffusione dell'odio razziale. Digitando su Google le parole "marocchino stupra" ci si aspetterebbe di trovare degli articoli di alcuni giornali già conosciuti trattanti alcuni terribili fatti di cronaca ed evidenzianti la nazionalità dell'indagato. Quello che si trova, tuttavia, è ancora più estremizzato: accanto a giornali istituzionali come Repubblica o il Corriere della Sera, nella prima pagina di risultati compaiono anche siti web come tuttiicriminidegliimmigrati.com. Tale sito si autodefinisce come *"news-aggregator"* e raccoglie automaticamente e manualmente notizie su «Tutti gli immigrati: senza distinzione in base a sesso, razza, etnia o status giuridico». L'individuazione delle notizie viene fatta «circa [per il] il 40% (...) in automatico: un software individua e raccoglie le notizie in base a [dei] "*tags*[51]"». Non è disponibile alcuna indicazione che possa dare informazioni dirette o indirette riguardo ad una redazione. Analizzando il sito web con i sistemi messi a disposizione da associazioni come la Mozilla Association (tra cui il sito web Firefox) emerge che il sito dispone, apparentemente, di alcuni tracciatori tesi ad identificare il comportamento degli utenti in modo anonimo e aggregato[52]; tali dati sono utilizzabili per personalizzare contenuti e pubblicità in base agli interessi e non sono

---

[50] Singoli messaggi pubblici in un social

[51] Normalmente riferito all'ambito dei social network indica le parole chiave con cui un contenuto viene riconosciuto

[52] Senza che sia, quindi, identificabile il singolo utente ma solo per un riferimento statistico dell'amministratore del sito e/o dei motori di ricerca

insoliti nei siti web di natura gratuita. Luoghi della Rete simili a quello preso in esame sono molto semplici da creare. Con nessuna conoscenza di programmazione, cinque euro al mese[53] e mezz'ora di tempo è possibile attivare da qualunque località nel mondo un sito web che appaia come credibile e esperto nel settore di riferimento (ad esempio con interfaccia e stile molto simile ad un giornale rinomato). Problematiche simili si rilevano anche nella diffusione di fake news di carattere medico[54] ma è la commistione di queste pratiche con l'odio razziale che rende tali luoghi degli amplificatori di odio.

È da notare in ogni articolo presente sui siti web di notizie venga data la possibilità agli utenti di effettuare il login tramite social network[55] e proporre un proprio commento non moderato. Tale commento sarà subito visibile con il nome e cognome del commentatore o in anonimo per tutti gli utenti del sito web, immediatamente al di sotto dell'articolo stesso. Tale possibilità è nata con il nobile intento dei *social* e dei creatori di contenuti di aumentare il dialogo ed il confronto su internet, tuttavia è rilevabile come tale facoltà[56] venga sfruttata in alcuni luoghi telematici già altamente polarizzati per amentare la risonanza mediatica dell'articolo stesso.

Per farlo, alcuni articoli si servono del cosidetto *clickbait*[57] cioè della redazione di titoli ad effetto, spesso non completamente aderenti con i fatti avvenuti realmente, per interessare l'utente durante lo scorrimento frenetico di un social. È proprio la stretta correlazione tra questo tipo di siti web che va analizzata più attentamente. Da una verifica che può essere svolta attraverso le pagine web all'interno di Facebook dedicate

---

[53] il prezzo indicato è riferito ad un noto sito web che permette, tramite una piattaforma di creazione guidata, di pubblicare altri siti web autonomamente. Tale sito non è in alcun modo connesso ai contenuti d'odio e attua egli stesso misure di contrasto all'*hate speech*.

[54] «Covid-19 e fake news: le nuove bufale smentite dal ministero», sito web del Ministero della Salute, articolo

[55] Ricorrente è l'evidente tasto blu con la scritta «accedi con Facebook e commenta»

[56] Da notare come questa funzionalità sia resa possibile per volontà dei social stessi che ne forniscono la strumentazione a livello tecnico

[57] (traducibile come "esca per i click" o "acchiappa click")

alla trasparenza nelle pubblicità[58] ed altri strumenti (*tool*) analoghi, emerge che alcune pagine *web* direttamente connesse a questo tipo di siti hanno compiuto una massiccia campagna di sponsorizzazione con una spesa di c.a. 300\500€, pari ad una copertura di c.a. 300\400 mila persone[59] per ogni articolo pubblicato. Tale visibilità si trasforma in traffico diretto al sito web. Sul sito web di destinazione sono presenti delle pubblicità personalizzate (*targhettizzate*) in base alle preferenze del singolo utente che vengono visualizzate a rotazione. I proprietari del sito web sono pagati dai committenti delle pubblicità anche in relazione al tempo di permanenza degli utenti sulla pagina web quindi il massimo profitto si realizza con la massima permanenza nel sito. Per questa ragione spesso l'articolo è scritto con toni ben poco giornalistici e tende a denigrare un individuo spesso identificato non attraverso il proprio nome ma per la propria appartenenza etnica e religiosa.

L'analisi del fenomeno porta a notare come l'odio online, e in particolare nei *social* sia nato con l'aumento dell'immigrazione avvenuto negli ultimi anni. In un clima politico e sociale di incertezza in cui sempre più persone venivano immesse nel tessuto sociale italiano, il social si è dimostrato il mezzo ideale per veicolare un messaggio razzista già esistente. La differenza sostanziale tra una espressione di odio razziale manifestata lungo una strada e su un *social network* è che in ques'ultimo luogo lo stesso messaggio avrà un pubblico potenzialmente infinito e incontrerà molti più soggetti pronti ad accogliere e rinforazare la stessa tesi. L'idea razzista verrà trasmessa attraverso canali[60] dedicati a questo tipo di odio e frequentati quasi esclusivamente da altri soggetti con le stesse idee e, per questo, senza alcuna possibilità di avere una controporte che contesti le affermazioni pubblicate con conseguente aumento nella forza delle argomentazioni. È

---

[58] Raggiungibile al link: facebook.com/ads/library/

[59] Facebook non mostra dati precisi ma unicamente indicativi. Nemmeno da parte del committente durante la fase di sponsorizzazione è possibile definire esattamente quante persone dovranno vedere la pubblicità in relazione all'investimento ma solo un valore indicativo.

[60] Ad esempio i gruppi Facebook

anche da osservare che l'odio razziale, palese o meno, è spesso connesso all'odio politico in quanto strumento per aumentare la polarizazione nel proprio elettorato.

Una importante spiegazione delle dinamiche di odio razziale online si ha attraverso l'analisi del *report* commissionato dall' *United States Holocaust Memorial Museum*[61] nel quale viene evidenziato che l'odio razziale *online* e *offline* sono saldamente connessi. Si nota infatti, che le condotte di odio che sfociano poi nell'utilizzo delle violenza fisica (dai casi isolati ai genocidi) trovano un comune denominatore nella diffusione ampia e sistematica di odio tra le frange della popolazione più sensibili a tali temi. Tale fenomeno è sempre osservabile in ogni momento storico in cui si rilevi un forte odio razziale[62]. Queste campagne hanno condotto, direttamente o indirettamente, a creare nella popolazione forme di odio generalizzato e, quindi, a giustificare ogni tipo di condotta disumana commessa nei confronti delle vittime. Lo spostamento del fenomeno online ha comportato, però, diverse variazioni nella analisi del tema. Attraverso l'impiego di risorse umane in commistione con sistemi di *intelligenza artificiale* è oggi possibile osservare il fenomeno con maggiore attenzione, coglierne l'evolversi e analizzare quali categorie possono essere maggiormente a rischio. Tale analisi si basa sia sulle parole di soggetti di spicco (*influencer*[63], politici...) sia sulle comunicazioni online. Se nel passato l'analisi *analogica*[64] poteva essere compiuta solo manualmente da parte di sociologi e criminologi (e spesso dopo gli avvenimenti più sanguinosi e non in via preventiva), con l'aumento della potenza di calcolo dei sistemi automatizzati programmati da specialisti è possibile analizzare non solo giornali e discorsi pubblici ma anche le conversazioni volontariamente rese pubbliche dai normali cittadini.

---

[61] Holocaust Denial and Hate Speech, *United States Holocaust Memorial Museum*, ushmm.org

[62] A titolo esemplificativo si veda il documento della *Associazione Nazionale Ex Deportati nei Campi Nazisti*, "Racconti dal Lager" di Marco Coslovich, Capitolo 1: «Per ragioni d'igiene è vietato l'accesso agli ebrei» in cui viene analizzata la massiccia campagna mediatica che venne mossa nei confronti delle popolazioni ebree. Tristemente nota è la vignetta satirica che equipara gli ebrei a topi.

[63] Definizione dal vocabolario Treccani: «*Personaggio popolare in Rete, che ha la capacità di influenzare i comportamenti e le scelte di un determinato gruppo di utenti e, in particolare, di potenziali consumatori, e viene utilizzato nell'àmbito delle strategie di comunicazione e di marketing*»

[64] Cioè analisi di documenti, articoli, discorsi ecc.

Uno dei punti focali di questa analisi è il social Twitter che ha offerto allo studio precedentemente citato una ottima possibilità di campionamento per i messaggi poiché gran parte delle conversazioni avvengono tramite "tweet" di domanda e risposta[65] accompaganti spesso da "*hashtag*"[66], cioè parole chiave facilmente indicizzabili da un sistema automatico. Il compito dei ricercatori è ulteriormente facilitato dalla possibilità di monitorare i "*retweet*" cioè le ri-pubblicazioni di copie dello stesso messaggio su altri profili del social. L'intera analisi può essere compiuta anche senza il consenso dei proprietari del *social*; tuttavia, se si volessero compiere indagini più sofisticate, si dovrebbe necessariamente chiedere la collaborazione delle piattaforme. Twitter, in particolare, ha già impegnato risorse al contrasto dei discorsi d'odio, come sarà possibile osservare nel capitolo dedicato.

È stato osservato che l'odio online in particolare è spesso una forma di anticipazione rispetto alle forme di violenza più estreme. L'analisi appena citata offre la possibilità di identificare con chiarezza le categorie che potranno con maggiore probabilità essere le future vittime e preparare contromisure sociali (istruzione, rafforzamento del senso civico...) tali da evitare il manifestarsi violento di tali fenomeni. Lo spostamento dell'odio razziale su internet, quindi, ha aperto a due punti di vista differenti ed entrambe veri.

Come **prima** tesi si potrebbe sostenere, infatti, che l'online abbia reso la diffusione di odio razziale e religioso estremamente più agevole. A sostegno di tale tesi si potrebbero portare i tremendi video *promozionali* realizzati con drone e montaggio cinematografico professionale del Sedicente Stato Islamico (comunemente detto *Isis* o *Is*) che hanno favorito l'estremizzazione e le stragi in Europa e non solo. Necessario è anche citare le chat criptate o i gruppi chiusi di suprematisti bianchi nei quali i killer vengono elevati a simboli. Molto spesso le apologie a tali soggetti sono accompagnate dai video ripresi

---

[65] Un *tweet* è un messaggio breve (precedentemente di 140 caratteri massimo, attualmente 280) in cui l'utente può postare un messaggio o il proprio pensiero. Le risposte sono spesso chiamate *retweet*. Un tweet può contenere degli hashtag.

[66] Gli *hashtag* sono parole precedute dal simbolo # indicanti le parole chiave contenute nel messaggio

dagli stesso *killer* (che spesso è anche un *killer* – suicida) durante il compimento del gesto[67]. Quest'ultima questione pone efficacemente il punto anche sulla importanza che viene data da tali terroristi alla pubblicità tramite media e internet, aiutando sia alla individuazione dei soggetti più a rischio di estremizazione sia allo sviluppo di una politica criminale che consideri con attenzione l'impatto che avrebbe la possibilità di non rendere noto il *killer* deceduto. Pubblicare le genereralità dei terroristi, infatti, solitamente li rende "celebrabili" da parte degli altri appartenenti alla frangia estremista. Da un **secondo** punto di vista, invece, si potrebbe accettare quanto detto dalla prima ipotesi aggiungendo che la presenza dell'odio online ponga per i ricercatori un forte punto di partenza per anticipare le azioni d'odio più gravi. Come constatato in passato, però, non sempre l'azione è efficace e le politiche di contrasto, volte soprattutto ad un inasprimento delle pene per i crimini già rilevati non possono arginare la possibilità che tali fenomeni si verifichino. Perchè il controllo sia tempestivo, è necessario che si utilizzino sistemi sia automatici che manuali e che i metodi di intervento da mettere in atto, una volta individuate le potenziali vittime, siano già preparati in anticipo da specialisti. Allo stesso modo, oltre ai gruppi più esposti, con la stessa analisi è anche possibile identificare quali sono gli eventi maggiormente a rischio (ad esempio una chiesa in una specifica giornata di ricorrenza religiosa oppure un concerto molto famoso[68]). Anche in questo caso è fondamentale che un sistema di intervento sia già preparato prima del verificarsi della minaccia, non soltanto dal punto di vista delle forze di sicurezza (Polizia Postale, Artificeri…) ma anche dal punto di vista degli esperti giuristi e criminologi che devono svolgere una ampia azione di prevenzione ed individuazione dei possibili soggetti radicalizzati mettendo in atto campagne sociali e di inclusione mirate ad educare le parti della popolazione più propense a condotte d'odio.

---

[67] «Sparatoria a Halle, il video del killer neonazista in azione: dai tentativi di entrare nella sinagoga all'omicidio di una passante»; Open, 10 ottobre 2019

«Nuova Zelanda, attacchi a 2 moschee: 49 morti. La strage live su Facebook, killer posta manifesto anti-Islam. "È terrorismo"»; Il Fatto Quotidiano, 19 marzo 2019

[68] Uno dei casi noti è l'attentato di Manchester del 22 maggio 2017 alla Manchester Arena durante il concerto della cantante statunitense Ariana Grande. L'attentato è stato rivendicato dall'ISIS.

II. Manifestazioni di odio omofobico

Il 16 maggio 2019 un articolo di Repubblica[69] segnala come nell'ultimo anno le violenze e discriminazioni omofobiche siano cresciute del 30%. Allo stesso modo una inchiesta de "l'Espresso"[70] del 2014 evidenzia come il 91% delle persone LGBT sia stata vittima almeno una volta di discriminazione in ragione dell'orientamento sessuale. I dati riportati sembrano indicare un clima di omofobia diffuso indipendentemente dal mezzo con cui viene commesso. In una prima analisi risulta certamente vero che il disvalore sociale sia rinvenibile sia offline che online tuttavia vi sono componenti "positive" nei discorsi di odio online che sono esclusivi dell'ambiente digitale.

Per compiere una analisi corretta bisogna osservare che lo studio dell'hate speech nella specifica natura online è rinvenibile solo da circa 10 anni[71]. Inizialmente la ricerca riguardante l'odio online era incentrata principalmente sull'odio razziale e religioso e successivamente dell'odio politico mentre l'analisi dell'odio omofobico non distingueva il fenomeno online e offline. Con l'acuirsi della ricerca in ambito online ci si rese conto che tutte le fattispecie che potevano essere identificate nell'odio a sfondo politico assumevano le varie connotazioni in base alle categorie che di volta in volta venivano prese di mira. L'odio omofobico soprattutto nei primi anni assunse una vena molto canzonatoria e pungente, portando online gli stereotipi che offline già erano presenti come il pregiudizio che gli uomini omosessuali perdano mascolinità per il loro orientamento o che le donne omosessuali siano solo in attesa di un uomo che le convinca di non esserlo. Nel primo periodo, cioè negli anni 2009 – 2011 proliferano, soprattutto su Facebook, gruppi in cui vengono pubblicati uomini con vestiti femminili o donne

---

[69] «Omofobia, crescono violenza e discriminazioni: 30% di casi in più», Repubblica, Caterina Pasolini, 16 maggio 2019,

[70] «Omofobia, la mappa dell'odio in Europa. E l'Italia è il Paese che discrimina di più»; L'Espresso; Lorenzo Di Pietro, 28 luglio 2014

[71] Articolo: « The Internet as a Site of Decreasing Cultural Homophobia in Association Football: An Online Response by Fans to the Coming Out of Thomas Hitzlsperger. *Sage*, Volume 21» di Jamie Cleland (*Department of Social Sciences, Loughborough University, Loughborough, UK*); Rory Magrath (*Southampton Solent University, Hampshire, UK*); Edward Kian (*Oklahoma State University, Stillwater, OK, USA*)

omosessuali. Tali foto venivano bersagliate con insulti molto offensivi e non filtrati in nessun modo non essendo all'epoca stata adottata dalla piattaforma social una effettiva moderazione dei contenuti. Questo favorì un processo di *estremizzazione* dei punti di vista. Da un lato, i soggetti con preconcetti basati sul pensiero omofobo avevano la possibilità di raccogliersi in gruppi rafforzando, di fatto, il loro punto di vista. Dall'altro, le persone LGBT ebbero la possibilità di raccogliersi in gruppi e di entrare anche in contatto con individui lontani dal mondo dell'attivismo ma che già sostenevano tali tematiche. Col crescere della pressione sociale sulle piattaforme social al fine di implementare un controllo sugli insulti diretti a specifiche persone in ragione del loro sesso o orientamento sessuale, vi è stata una progressiva diminuzione degli attacchi di natura pubblica, pur persistendo l'uso di "gruppi chiusi" accessibili solo su invito. Se da quest'ultimo punto di vista l'odio omofobico *offline* e l'*hate speech online* risultano assimilabili nella creazione di gruppi chiusi di persone che esprimono odio violento nei confronti della comunità LGBT, è anche vero che lo spostamento di tali gruppi online ha portato due novità rilevanti. In **primo luogo** è osservabile che, per quanto concerne strettamente l'*hate speech* ed escludendo l'insieme più ampio degli *hate crime*, i discorsi di odio online siano solitamente più violenti e diretti alla persona specifica. La protezione psicologica fornita dall'apparente anonimato e dalla distanza fisica tra i soggetti, infatti, porta a far sentire taluni maggiormente legittimati a mettere in atto condotte lesive direttamente nei confronti di un singolo o un piccolo gruppo di persone attuando una sorta di *bullismo virtuale*. In **secondo luogo**, al contrario, si è anche formata una maggiore possibilità di controllo sociale sia attraverso una valutazione del social, peraltro non sempre tempestiva e puntuale, sia attraverso l'opposizione diretta degli altri utenti.

Proprio dal punto di vista della opposizione attiva vanno citati due casi esemplificativi tra i molti presenti. Il primo caso riguarda una coppia di ragazze omosessuali che, attraverso la loro pagina Instagram[72] hanno messo a nudo gli insulti ricevuti; il secondo

---

[72] Una pagina Instagram è un profilo pubblico non dedicato ad una persona ma ad una tematica, una causa, un brand ecc. Il profilo viene gestito da uno o più amministratori che sono gli unici con il diritto di pubblicare in tale ambiente. Come profilo si intende la porzione di spazio social dedicato esclusivamente ad un utente

caso riguarda la *applicazione* per *smartphone* TikTok, di recente utilizzo nel panorama italiano e frequentata soprattutto da giovanissimi.

Uno dei post presenti nella pagina (account) "Le Perle Degli Omofobi" su Instagram

La pagina presa ad esempio ha come nome utente *Le Perle Degli Omofobi*[73] e pubblica in *post*[74] alcuni dei messaggi offensivi ricevuti dalla coppia di amministratrici. Come visibile anche nello specifico caso in esame, le parole utilizzate sono fortemente volgari ed offensive. La analisi, tuttavia, viene gestita alternando casi più seri a casi ritenuti più comici. L'ironia, infatti, è stata una forte qualità di pagine come questa che sono state *prese come riferimento*[75] dagli utenti dando una forte visibilità agli ideali sostenuti che vengono rafforzati progressivamente dalla messa a nudo delle forme estreme di negazione degli ideali stessi. Nel caso specifico le amministratrici, Erika Mattina (ex studente dell'università Bicocca) e Martina Tammaro, possono vantare circa 38 mila *follower*[76]. Un pubblico attivo di simili dimensioni sarebbe difficilmente raggiungibile attraverso altri canali unidirezionali come la carta stampata o la televisione proprio per la assenza di immediatezza che, al contrario, è tratto caratterizzante della comunicazione online.

---

[73] instagram.com/leperledegliomofobi/ @leperledegliomofobi
[74] Singole pubblicazioni che sulla piattaforma social Instagram risultano essere assimilabili a fotografie con una breve didascalia. Ogni pubblicazione, pur avendo la forma informatica di immagine, può contenere anche testo come nel caso in questione (come una foto ad un foglio ma ottenuta digitalmente).
[75] In questo caso con "prese come riferimento" si intente l'azione dell'utente di "seguire" una pagina. Tale azione comporta che si premerà un pulsante (segui) che porterà i post della pagina seguita ad apparire con maggiore frequenza nella *home* dell'utente. La *home* (o «per te» su TikTok), infatti, non è altro che un luogo in cui sono raccolte le pubblicazioni recenti degli utenti seguiti unite ad altri post ritenuti interessanti per l'utente dal programma integrato nel social. Tale meccanismo è comune tra Instagram, Facebook (il tasto è chiamato *mi piace*), Twitter e, attualmente in misura minore, TikTok

[76] Cioè gli utenti che hanno deciso di *seguire* la pagina. Talvolta tradotto in italiano come seguaci. (il tasto segui nella versione originale del social, in inglese, corrisponde al tasto *follow* da cui poi deriva la parola *follower*)

L'immediatezza, però, molto spesso viene preferita all'approfondimento dei contenuti. Se dal punto di vista della omofobia è osservabile nel mondo online una estremizzazione nel contenuto, anche l'attivismo LGBT online si è mosso in tal senso utilizzando sempre più toni immediati e talvolta aggressivi. È stato, quindi, abbandonato sulle piattaforme social il tentativo di approfondimento che attualmente risulta difficoltoso proprio per il clima *fazioso* che viene identificato da molti.

Esemplificativo dell'immediatezza preferita all'approfondimento è il social di proprietà cinese TikTok. Tale *social* nasce come sistema di pubblicazione di brevi video musicali di massimo 15 secondi. Con l'ampliamento degli utilizzi fatti del social la durata massima si è estesa ad 1 minuto che risulta essere la durata massima dei contenuti (unicamente video) presenti sul social. Il social è accessibile unicamente attraverso l'applicazione[77] (programma per cellulare) installata sullo smartphone e fornisce all'utente una prima schermata (chiamata "per te") in cui compaiono i video consigliati. I video pubblicati sulla piattaforma favoriscono fortemente il pensiero favorevole alla comunità LGBT. Alcuni utenti, infatti, pubblicano loro brevi racconti o battute umoristiche relative alla tematica e portano in luce le criticità e gli ostacoli che attualmente si possono individuare sul tema. Molto spesso tali video sono accompagnati da numerosi commenti di sostegno ed alcuni commenti fortemente contrari che minano, però, la convivenza all'interno del social. Sempre attraverso i social, inoltre, alcuni soggetti ringraziano gli altri utenti per averli sostenuti nel loro *coming-out*[78] o, più spesso, nell'affrontare i commenti di odio che le persone omosessuali che decidono di esporsi ricevono. Pur provenendo ormai da pochi utenti, l'insistenza e la quantità di messaggi ricevuti possono rendere difficile il relazionarsi con il pubblico di alcuni soggetti.

---

[77] Per completezza deve essere segnalata l'esistenza di una versione web che permette solo di visualizzare i video senza pubblicarne di nuovi. È poco utilizzata.

[78] Cioè la decisione di dichiarare apertamente il proprio orientamento sessuale o la propria identità di genere

III. Manifestazioni di odio nei confronti dell'accusato

Come *processo mediatico* è definibile tutto l'insieme di comunicazioni che tendono a semplificare i fatti di cronaca (solitamente cronaca *nera*) in favore del pubblico. Tali interventi seguono spesso una idea di "giustizia" sommaria simile alla vendetta[79]. Con l'affermazione dei mezzi di comunicazione *di massa* l'attenzione è stata sempre più posta, seguendo l'interesse del pubblico, sugli aspetti macabri e cruenti delle vicende. Leonardo Sciascia in un articolo su El País del 5 maggio 1987 scrisse che: «*Quando l'opinione pubblica appare divisa su un qualche clamoroso caso giudiziario (...) la divisione non avviene sulla conoscenza degli elementi processuali a carico dell'imputato o a suo favore, ma per impressioni di simpatia o antipatia. Come uno scommettere su una partita di calcio o su una corsa di cavalli*». In modo non dissimile, nel 2012 Treccani inserì nel suo dizionario il termine "*gogna mediatica*" direttamente connessa con il *processo mediatico*. Il processo mediatico consiste nello svolgimento, in sede di dibattito attraverso i media (inizialmente televisivo, ora anche attraverso la rete), di un *processo fittizio* in cui viene esposta unicamente la tesi e gli elementi a sostegno della tesi predominante. Nel momento della formazione dell'opinione pubblica è vero sia che i *media* identifichino comunemente il pensiero comune e lo ricalchino, sia che avvenga il processo inverso cioè che il pensiero di alcuni opinionisti possa riorientare il pensiero collettivo. Un omicidio, ad esempio, può essere presentato all'opinione pubblica in base a chi sia l'accusato e la vittima, al loro stato sociale, il loro sesso ecc. In base alla "sentenza" dell'opinione pubblica verrà poi anche orientata la comunicazione adottata nel caso in cui il reo, dopo regolare processo, benefici di istituti alternativi alla pena detentiva. È frequente l'uso di termini sensazionalistici quali «marcire in galera» o

---

[79] Il pensiero seguito è spesso definito giustizialista cioè "[...] *atteggiamento di chi, per convinzione personale o come interprete della pubblica opinione, proclama la necessità che venga fatta severa giustizia (magari rapida e sommaria) a carico di chi si è reso colpevole di determinati reati* [...]" (definizione tratta dal vocabolario Treccani alla voce *giustizialismo*)

«buttare via la chiave» che di fatto negano nell'opinione comune ogni possibilità di considerare la *rieducazione del condannato* (art. 27 Cost), che costituisce un principio ideologicamente fondante del sistema italiano.

Questa netta e parzialissima presa di posizione pubblica nuoce sicuramente all'indagato sia da un punto di vista diretto e indiretto. Dal punto di vista indiretto causa una forte lesione della propria reputazione e del proprio diritto di immagine insanabile e molto spesso non risarcita economicamente. La *gogna pubblica (o mediatica)* porta l'indagato a avere difficoltà di reinserimento sia nel caso in cui venga considerato innocente sia nel caso in cui cerchi di ottenere un lavoro esterno all'ambiente criminale dopo aver scontata la propria pena. Dal punto di vista diretto, invece, è da osservare che la propagazione esponenziale del messaggio mediatico che, solitamente, tende a trasformare l'indagato nel *colpevole definitivo* e nel *mostro* senza alcuna possibilità di prova contraria. Tale messaggio è ricco di dettagli, contenuti macabri o ipotetici *moventi* per il gesto e viene molto spesso recepito dal giudice del Giudice del dibattimento che, tuttavia, secondo il codice di procedura penale dovrebbe essere totalmente avulso dalla conoscenza della questione poiché l'opinione del giudice e la prova devono formarsi unicamente in sede dibattimentale.

Il nuovo approccio alla tematica fornito dall'avvento di internet e dei social, è osservabile come anche in questo ambito vi sia un inasprimento dei toni utilizzati. Per ottenere maggiore presa sul pubblico, infatti, l'approccio di molti[80] dei media alla comunicazione *online* è quello di un molto ampio uso di *clickbait*[81] anche per una ragione puramente economica e di visibilità. Dal punto di vista della visibilità viene fornito agli utenti un pensiero semplice e diretto che esula completamente dai ragionamenti articolati e ricalca unicamente i preconcetti dell'ascoltatore, raccontando in modo spesso parziale

---

[80] È innegabile che vi siano eccezioni a questa condotta, sia nel panorama del giornalismo online gratuito che a pagamento, per questa condotta. Alcuni comunicatori, infatti, hanno deciso di optare per altri modelli di *business* concentrandosi sull'aspetto *qualitativo* e non *quantitativo* delle notizie date spesso fornendo o i fatti in modo distaccato e senza opinioni o, al contrario, assumendo valore e visibilità per le opinioni ben argomentate ed articolate.

[81] (traducibile come "esca per i click" o "acchiappa click"). Il fenomeno è già stato affrontato nel paragrafo riguardante l'odio politico e razziale

i fatti. La ragione soprattutto economica di tale condotta risiede principalmente nella possibilità di ottenere maggiore *copertura di utenti unici*[82] e quindi, maggiore pubblicità. Essere estremamente parzializzati aiuta, quindi, ad essere individuati come riferimento dai soggetti che sostengono un determinato pensiero politico o sociale, ottenendo quindi più pubblico esattamente come è avvenuto, in modo meno marcato e per motivazioni diverse, nel giornalismo tradizionale, in cui alcune testate sono state prese come riferimento da un certo schieramento politico o sociale[83].

Ciò che differenzia questo tipo di discorsi e li rende parte a tutti gli effetti dei discorsi di odio non è solo il modello economico dei siti web di notizie e ciò che questo comporta. Alla questione contribuiscono numerosi fattori, tra cui il più rilevante è certamente la possibilità di interazione immediata degli utenti rispetto agli stimoli ricevuti. Come detto, molto dipende da come la storia viene posta: se si pone l'indagato presentandolo come unico colpevole si otterranno commenti di odio indirizzati direttamente alla persona; al contrario è possibile anche presentare l'individuo come "vittima di un complotto di giudici" o "vittima degli eventi". È interessante osservare come, anche nel secondo caso, i commenti non siano di solidarietà o vicinanza ma, piuttosto, presentino comunque una forte carica di odio che, però, è indirizzata verso altri soggetti identificati come i "veri responsabili". I casi più frequenti includono l'attacco alla magistratura, ai *media tradizionali* o alla *società moderna* considerata colpevole di un crollo dei valori.

È anche osservabile come la relazione tra gli utenti rafforzi esponenzialmente il messaggio portando alla creazione di veri e propri *mostri mediatici*, non visti più come persone ma come soggetti da eliminare. All'inizio del capitolo si è fatto riferimento ai

---

[82] Come utenti unici si identificano quanti soggetti "reali" visitano un sito web o una pagina. Se, ad esempio, articolo presente in un sito web è visitato 10 volte da Tizio, 9 da Caio e 8 da Sempronio, si dirà che tale contenuto ha avuto una copertura di **tre** utenti unici, indipendentemente dalle volte in cui viene visitato da ogni singolo utente. Per copertura si intende l'estensione della propagazione virtuale del contenuto.

[83] Si pensi, ad esempio, a giornali come La Repubblica, La Padania, L'Unità o Libero considerati tradizionalmente riferimento per alcune ideologie politiche o sociali. Alcuni di essi erano anche direttamente connessi con gli organi del partito di riferimento. È, tuttavia, osservabile come, soprattutto nei giornali non direttamente collegati ma facenti riferimento ad una certa area politica, non sia difficile rilevare argomentazioni anche molto differenti da quelle predominanti. Tale facoltà è pressoché assente in molte delle realtà comunicative online.

linciaggi negli USA: con una dinamica simile si configurano le azioni di aggressione *online* ma, se possibile, con processi ancora più veloci e sommari. L'ira del momento guida sempre più spesso il giudizio collettivo conducendo i soggetti ad una isteria di alcuni gruppi molto visibili e rendendo difficoltose talvolta anche analisi più pacate di soggetti qualificati per affrontare la tematica trattata.

4. *Gli strumenti di tutela rispetto alle manifestazioni d'odio online*

L'articolo 21 della Costituzione Italiana recita «*Tutti hanno diritto di manifestare liberamente il proprio pensiero con la parola, lo scritto e ogni altro mezzo di diffusione*» ribadendo anche che la «*stampa non può essere soggetta ad autorizzazioni o censure*». Tale principio poggia le proprie fondamenta sull'essenza stessa della partecipazione democratica. Vi sono anche fonti sovranazionali che ribadiscono tale principio. Rilevanti sono la *Convenzione Europea dei Diritti Dell'uomo (CEDU)* approvata nel 1950 e la *Dichiarazione Universale dei Diritti Umani* approvata *dall'Assemblea Generale delle Nazioni Unite* nel 1948 e a cui l'Italia aderì nel 1955.

L'articolo 19 della *Dichiarazione Universale dei Diritti Umani approvata dall'Assemblea Generale delle Nazioni Unite* afferma che «*Ogni individuo ha diritto alla libertà di opinione e di espressione*» senza che essa possa essere sottoposta ad alcun limite.

Analogamente, nella *Convenzione Europea dei Diritti dell'Uomo* è ravvisabile l'articolo 10 comma 1 che recita: «*Ogni persona ha diritto alla libertà d'espressione*». Nello stesso articolo, al comma 2, è anche evidenziato che «*L'esercizio di queste libertà (...) può essere sottoposto alle formalità, condizioni, restrizioni o sanzioni che sono previste dalla legge e che costituiscono misure necessarie, in una società democratica, per la sicurezza nazionale (...)*» e che vengano posti dei limiti nell'esercizio del diritto di espressione e, quindi, dalla stessa esistenza di una società democratica solo nel caso in cui questo sia imprescindibile per una effettiva tutela democratica della società. Ciò comporta, quindi, la necessità di un bilanciamento tra la libertà di espressione e la tutela della collettività da abusi dello stesso diritto. Senza dubbio, la ricerca di una maggiore tutela della collettività può comportare un aumento del rischio di censura. Al contrario la totale liberà di espressione anche rispetto a tematiche delicate[84] porterà alla possibile non gestibilità dei danni creati alla collettività. Il bilanciamento tra gli interessi dovrà

---

[84] Ad esempio nel caso di rivelazione di segreti militari ma anche di diffamazione o incitamento alla violenza

necessariamente soppesare quanto sia accettabile limitare un diritto (la liberà di espressione) per ampliare l'altro (la tutela dell'interesse collettivo).

a. La normativa sovranazionale

Gli enti sovranazionali come l'Unione Europea hanno emanato alcune norme rilevanti in questo ambito. Tali norme devono essere necessariamente considerate al fine di comprendere possibili future soluzioni nazionali e sovranazionali. Alcune di esse fanno diretto riferimento all'*hate speech* con il mezzo *online* e alle sue relative implicazioni all'interno della società. È da notare che tali implicazioni possono essere diverse rispetto ai discorsi di odio che si svolgono *offline*.

Il primo atto di cui va data menzione è la Decisione quadro 2008/913/GAI del Consiglio europeo del 28 novembre 2008 "sulla lotta contro talune forme ed espressioni di razzismo e xenofobia mediante il diritto penale". Tale normativa non si riferisce esplicitamente all'odio *online* tuttavia all'articolo 1 evidenzia che *"ciascuno Stato membro [deve adottare] le misure necessarie affinché i [...] comportamenti seguenti siano resi punibili: **l'istigazione pubblica alla violenza** o all'odio nei confronti di un gruppo di persone, o di un suo membro, definito in riferimento alla razza, al colore, alla religione, all'ascendenza all'origine nazionale o etnica [...]"* continuando, poi, ad elencare altri reati quali *"apologia, la negazione o la minimizzazione grossolana dei crimini di genocidio [...]"*. La decisione è molto significativa poiché si occupa dei crimini commessi soltanto attraverso l'uso della parola e prevede che la sanzione per tali reati sia la pena detentiva di durata compresa almeno tra uno e tre anni. Tale previsione viene richiesta anche se *"le tradizioni culturali e giuridiche degli Stati membri sono in parte diverse, in particolare in questo campo, [e] non è attualmente possibile una piena armonizzazione delle norme penali"*[85]. Da questo punto di vista si può notare una non aderenza tra le norme comunitarie e le norme italiane. L'art. 604 bis del Codice penale italiano, infatti, prevede che il minimo edittale previsto sia più basso (6 mesiche si innalzano ad un anno per chi promuove o dirige associazioni con finalità discriminatorie) anche se il massimo è più elevato di quanto raccomandato (4 anni, che si elevano a 6 anni per i promotori di associazioni con finalità discriminatorie) Per completezza va

---

[85] La citazione è ripresa dalle Considerazioni Preliminari alla decisione quadro 2008/913/GAI

anche osservato che, nei casi in cui i reati vengano *"commessi in modo che derivi concreto pericolo di diffusione, si* [fondino] *in tutto o in parte sulla negazione, sulla minimizzazione in modo grave o sull'apologia della Shoah o dei crimini di genocidio, dei crimini contro l'umanità e dei crimini di guerra* […]*"* le sanzioni previste dall'art 604 bis ultimo comma del Codice penale rientrano nei termini richiesti (da 2 a 6 anni di reclusione). È, inoltre, osservabile che all'art. 5 della Decisione quadro 2008/913/GAI viene prevista la punibilità non solo dei singoli individui ma anche delle persone giuridiche per le condotte individuate dagli articoli 1 e 2[86]. Ciò si pone come evidenza ulteriore della necessità, evidenziata del Consiglio, di sanzionare tali condotte indipendentemente da chi sia la persona, fisica o giuridica, che le commetta.

Dal punto di vista delle libertà fondamentali, inoltre, deve essere evidenziato che all'art. 7 della Decisione quadro 2008/913/GAI viene menzionato *"l'obbligo di rispettare i diritti fondamentali e i fondamentali principi giuridici sanciti dall'articolo 6 del trattato sull'Unione europea, tra cui la libertà di espressione e di associazione"*. L'attenzione si pone nel comma 2 sulla *"libertà di stampa e la libertà di espressione in altri mezzi di comunicazione"*. Verosimilmente, l'intenzione del legislatore è quella di prevenire l' accusa di essere antidemocratica.

Tale Decisione, in definitiva, è estremamente rilevante poiché costituisce un orientamento delle successive leggi sul tema anche per via della completezza nei contenuti di cui gode. Va notato, però, che la stessa Decisione non è stata estesa ad altre forme di odio come quello di genere o omofobico e nemmeno all'odio politico che non sia direttamente riconducibile a razzismo e xenofobia probabilmente per non estendere la norma a categorie di soggetti la cui situazione potrebbe essere molto diversa. Non viene fatta menzione nemmeno di una tutela per i soggetti che vengano discriminati per una caratteristica precisa e comune non esplicitamente definitadi cui si è parlato nel paragrafo dedicato alla attualità del tema in questa tesi facendo l'esempio di una

---

[86] Si veda in proposito: Decisione quadro 2008/913/GAI del Consiglio europeo, art. 1 e 2

caratteristica fisica determinata come i capelli rossi o relativa ad una particolare disabilità.

Nell'ambito legislativo sovranazionale è importante osservare anche l'attenzione del Parlamento Europeo nei confronti dell'odio *online*, posto in relazione alle piattaforme aggregatrici di contenuti (dette anche *big company*[87]). In particolare va menzionato il *"Codice di condotta per lottare contro le forme illegali di incitamento all'odio online"* del 31 maggio 2016. La dichiarazione è stata adottata in conformità con la Decisione quadro 2008/913/GAI *"sulla lotta contro talune forme ed espressioni di razzismo e xenofobia"* del 28 novembre 2008 precedentemente richiamata. Le aziende informatiche firmatarie sono risultate essere le stesse partecipanti anche al *Forum dell'UE su internet*[88] cioè Facebook, Microsoft, Twitter, YouTube ed altre realtà minori. L'obiettivo dichiarato è quello di contrastare l'incitamento illegale dell'odio *online* cioè *"ogni comportamento consistente nell'istigazione pubblica alla violenza o all'odio nei confronti di un gruppo di persone, o di un suo membro, definito in riferimento alla razza, al colore, alla religione, all'ascendenza o all'origine nazionale o etnica"*.

Fortemente rilevante è anche la sottolineata *"necessità di tutelare la libertà di espressione che, come affermato dalla Corte Europea dei Diritti dell'Uomo, si applica non solo alle informazioni o idee accolte favorevolmente o considerate inoffensive o indifferenti, ma **anche a tutte quelle che offendono, sconcertano o disturbano** lo Stato o una parte della popolazione"*[89]. Tale affermazione pone delle serie questioni non solo in ambito strettamente giuridico ma anche in riferimento all'approccio filosofico e morale del diritto. È necessario, infatti, chiedersi fino a che punto sia giusto limitare la libertà di espressione e quale approccio politico e sociale si voglia scegliere. Da un lato certamente non è auspicabile che contenuti incitanti all'odio, al terrorismo e alla

---

[87] "Aziende ed organizzazioni finanziarie influenti quando considerate come un gruppo" («*powerful and influential businesses and financial organizations* [...] *when considered as a group*») Cambridge Dictionary online, voce "*big business*", tradotto
[88] Realtà avviata nel 2015 dalla commissione europea con lo scopo di favorire un quadro di cooperazione efficiente con l'industria di internet. Più volte si è occupata di odio online in generale e di propaganda terroristica in particolare. Al forum partecipano i Ministri degli Interni degli Stati membri, rappresentanti dell'industria, delle organizzazioni internazionali e della società civile.
[89] Si veda in proposito: Handyside contro Regno Unito, sentenza del 7 dicembre 1976, § 49

discriminazione siano facilmente accessibili nei *social* a causa degli effetti che potrebbero avere (ad esempio il reclutamento di nuovi terroristi[90]) mentre, dall'altro, si può affermare che per instaurare un cambiamento all'interno della società sia necessario fare propaganda di idee che, talvolta, si scontrino con il pensiero sociale consolidato (come la propaganda per l'approvazione del divorzio o dell'aborto). I casi usati ad esempio sono intuitivamente riconducibili a espressioni antidemocratiche in un caso e democratiche nell'altro, tuttavia la distinzione non si rivela sempre così facile. Si pensi, ad esempio, a tutti i casi in cui un partito politico propone l'uscita dall'Unione Europea o lamenta la presenza di cittadini di una certa etnia sul territorio nazionale. I toni utilizzati nella comunicazione potrebbero da taluni essere facilmente definiti come "*sovversivi*". In casi simili si pone il problema se sia giusto o meno limitare tali messaggi e chi, nel caso, debba decidere in proposito (cioè se debba essere lo Stato attraverso l'organo giudiziario, un ente sovranazionale, la piattaforma a sua discrezione ecc.). Come si vedrà più avanti, è auspicabile che il controllo sia affidato ad un giudice. Solo avendo come mandato ultimo l'interesse pubblico, infatti, sarà possibile garantire una imparzialità che non può attualmente essere gestita da un ente privato. Tale orientamento si vedrà essere confermato anche dalle sentenze della CEDU.

Nel paragrafo successivo del testo viene anche evidenziata l'importanza che le organizzazioni della società civile si facciano portavoce "*di narrazioni alternative che promuovano la non discriminazione, la tolleranza e il rispetto.*" È anche da notare la correlazione che viene individuata dalla norma tra l'odio *online* r la condotta della "società di persone presenti *online*". In particolare viene detto che l'*hate speech* "*si ripercuote negativamente non solo sui gruppi o sui singoli che vengono presi di mira, ma anche su coloro che [...] si esprimono a favore della libertà, della tolleranza e della non discriminazione e ha un effetto inibitore sul discorso democratico sulle piattaforme online*".

---

[90] «[...] Reclutati e indottrinati spesso via Internet [...] È noto sui siti Internet [...] il suo video che inneggia alla distruzione degli Stati Uniti con slogan del genere: "Con esplosivi sul nostro petto costruiamo la via verso il paradiso" [...]», Virginia Piccolillo, Giovani e convertiti, chi sono i 50 italiani dell'Isis, Corriere Della Sera, 25 agosto 2014

Gli impegni presi nel concreto dalle società informatiche verranno ripresi nel paragrafo riguardante le soluzioni proposte dalle piattaforme *online* e gli accordi tra piattaforme e istituzioni pubbliche per il contrasto ai discorsi di odio. In questa sede è necessario osservare come venga sottolineata nello stesso Codice di Condotta la necessità *"che le pertinenti leggi nazionali di recepimento della decisione quadro 2008/913/GAI del Consiglio siano fatte applicare integralmente dagli Stati membri sia online che offline"*. Ciò dimostra una forte interesse dell'Unione Europea al monitoraggio e al contrasto dell'odio *online*.

Le aziende si impegnano anche ad una attiva rimozione del contenuto presente *online*. È fondamentale, infatti, che la rimozione avvenga nel modo più veloce possibile poiché un intervento troppo lento renderebbe vana l'azione, essendo il messaggio, di fatto, già stato propagato[91].

Rilevante per la legislazione italiana è anche la Direttiva 2000/31/CE del Parlamento europeo e del Consiglio approvata l'8 giugno del 2000. La direttiva riguarda gli *aspetti giuridici dei servizi della società dell'informazione, in particolare il commercio elettronico, nel mercato interno* e per questo viene spesso indicata nei testi giuridici di settore come "Direttiva sul commercio elettronico". All'articolo 14 viene trattata la materia denominata *"Hosting"*. Per *hosting* in informatica si intende un servizio che consente di posizionare su un computer (chiamato *server*) delle pagine *web* che possono essere di qualunque tipo, ma condividono la caratteristica di poter essere raggiunte tramite la rete internet. Proprio per la loro connessione alla Rete possono essere posizionate ovunque nel mondo. Il *server* di un sito *web* di una società italiana potrebbe facilmente essere posizionato negli Stati Uniti d'America e ciò potrebbe comportare gravi problemi di giurisdizione. Dal punto di vista teorico i *server* possono essere anche formati da comuni computer domestici, tuttavia li si tende a posizionare in computer

---

[91] L'azione di propagazione costante è già stata affrontata nei capitoli precedenti dal punto di vista sociologico e la efficacia delle azioni intraprese sarà analizzata dal punto di vista pratico nel paragrafo dedicato esclusivamente alle piattaforme informatiche.

molto più capienti e performanti ubicati in edifici appositi; tali costruzioni sono chiamate *data center*[92]. In merito ai servizi di *hosting* la Direttiva prevede che gli Stati membri debbano evitare che la società titolare del servizio sia responsabile[93] nel caso in cui alcune informazioni memorizzate dal richiedente il servizio di *hosting* siano illegali. La società, però, non è sempre considerata senza responsabilità rispetto ai contenuti che vengono ospitati nei computer che gestisce. Il prestatore (la società del *data center*) sarebbe ritenuto responsabile nel caso in cui fosse al corrente che la propria struttura è utilizzata per fornire spazio di archiviazione a materiale illecito o a servizi illeciti (paragrafo 1, lettera a) oppure nel caso in cui non rimuova il contenuto appena messo al corrente della sua natura illecita (paragrafo 1, lettera b). L'ultima disposizione comporta, quindi, che il prestatore del servizio sarebbe ritenuto responsabile nel caso in cui una autorità dovesse richiedere di rimuovere un contenuto illegale e ciò non avvenisse con sufficiente tempestività.

Immagine di uno dei Data Center di Google (in Oregon) durante un controllo. Può essere utilizzato come servizio di hosting. I Data Center di Google possono trovarsi, ad esempio, negli Stati Uniti, In Cile, in Irlanda, in Finlandia o a Singapore

È chiaro che tali disposizioni generino alcuni problemi. Il primo riguarda il luogo in cui il *data center* si trova fisicamente. Se il prestatore si trovasse al di fuori del territorio dell'Unione Europea, infatti, sarebbe molto difficile che rispettasse le richieste ricevute da una autorità estera. Vi sono, però, casi in cui alcuni servizi collaborano spontaneamente, tuttavia non sono molti e si riferiscono tutti e realtà molto famose ed in grado di garantire la struttura logistica necessaria all'interazione continua con le autorità. Google, ad esempio, nella guida al suo Rapporto sulla Trasparenza (*Trasparency*

---

[92] La dicitura in Inglese Americano (*data center*) è maggiormente utilizzata rispetto alla dicitura in Inglese Britannico (*data centre*). Entrambe sono ugualmente corrette.
La normativa non si riferisce mai esplicitamente ai *data center* e ne parla riferendosi ad un *prestatore* tuttavia, ai fini di una maggiore comprensibilità della argomentazione in questione, ci si riferirà ai *data center* e al *prestatore* in modo indifferente.
[93] Si veda in proposito: «Gli Stati membri provvedono affinché [...]»; direttiva 2000/31/ce del parlamento europeo e del consiglio approvata l'8 giugno del 2000, art.14, paragrafo 1

Report)[94], relativamente alla richiesta di informazioni personali che sembrano essere includibili nell'articolo 14 della Direttiva 2000/31/CE afferma di «*esamina*[re] *attentamente ogni richiesta per verificare che sia conforme alle leggi vigenti. Se la richiesta dovesse riguardare un numero eccessivo di dati, tentiamo di limitarla e, in alcuni casi, ci opponiamo del tutto a fornire i dati*». Dal punto di vista delle richieste di contenuti dalle ricerche di Google, invece, sono presenti[95] riferimenti di carattere tecnico-giuridico utili per comprendere la complessità del fenomeno.

Infatti «*anche se Google rimuove una pagina web o un'immagine dai risultati di ricerca, non è in grado di rimuovere i contenuti dai siti web su cui sono ospitati*». Ciò comporta che Google rimuove i risultati di ricerca illegali dalle sue pagine e conseguentemente dal proprio *data center*; tuttavia, a meno che anche il contenuto illegale si serva di un servizio di archiviazione (*hosting*) presente sul *data center* di Google, «*la pagina potrebbe essere ancora presente sul sito web e ciò significa che può essere trovata tramite l'URL* [indirizzo di posizionamento] *del sito web, la condivisione sui social media o altri motori di ricerca*». Lo stesso Google consiglia poi di contattare il proprietario del sito per chiedere la rimozione del contenuto. Qualora il titolare del sito *web* si rifiutasse, si aprirebbe una ulteriore problematica nel tentativo, spesso infruttuoso, di ottenere l'ottemperanza della Direttiva 2000/31/CE e delle relative leggi connesse da parte del prestatore.

Un altro problema riguarda, invece, la necessità di una tempestiva rimozione prevista dall'art. 14 lettera b paragrafo 1 della direttiva 2000/31/CE[96]. La questione relativa alla tempestività viene introdotta dalle leggi sovranazionali ed è rilevabile anche nelle sentenze della Cassazione in tema di diffamazione aggravata, che verranno esaminate nel paragrafo dedicato alla normativa italiana. Nessuna legge definisce cosa si intenda per "*tempestività*" dal punto di vista tecnico e giuridico. La direttiva 2000/31/CE utilizza

---

[94] Si veda in proposito: support.google.com/transparencyreport alla voce "In che modo Google gestisce le richieste di dati degli utenti da parte dei governi?"
[95] Si veda in proposito: support.google.com/legal alla voce "Rimozione di contenuti da Google"; "Ricerca Google"
[96] Si veda in proposito: «*non appena al corrente di tali fatti, **agisca immediatamente per rimuovere** le informazioni o per disabilitarne l'accesso*»; direttiva 2000/31/CE; art.14, paragrafo 2 lettera b

la parola *immediatamente* e rimane la necessità di addentrarsi nel reale significato delle parole per comprendere quando vi sia o meno inadempimento. Spesso un prestatore di servizi *online* (nel caso di *siti web*) o l'amministratore di un servizio *web* come un *social network* non ha la possibilità di rimuovere immediatamente alcuni contenuti e molto spesso i dipendenti che si occupano delle relazioni con il personale non sono direttamente connessi con il reparto addetto alla rimozione dei risultati, proprio per evitare abusi della funzione di rimozione ed errori. Ci si deve chiedere, poi, chi abbia effettivamente la autorità di richiedere la rimozione. La Direttiva europea certamente vincola gli Stati membri riguardo al risultato da raggiungere[97]. Questo porterebbe a pensare che ogni Stato dovrebbe autonomamente predisporre dei canali di comunicazione privilegiata con tutti i servizi di *hosting* più noti. Osservando la normativa questa sembra certamente l'ipotesi più accreditata. Manca, però, allo stato delle cose, una lista ufficiale di **quali** siano i servizi più noti e di quale sarebbe la autorità deputata a prendere contatto con essi. Si potrebbe stabilire che la rimozione debba avvenire in seguito ad una sentenza che farebbe, però, venir meno il criterio della tempestività oppure, più ragionevolmente, con il provvedimento di un giudice al pari di quanto avviene con la stampa cartacea. Oppure dovrebbe essere individuato un organo con l'autorità necessaria per vagliare preventivamente la richiesta, in modo che una rimozione avvenga per una giusta causa ma anche in tempi brevi. In ogni caso appare evidente che, in assenza di una legge dello Stato che legittimi l'operato di una autorità, la rimozione possa avvenire solo in seguito alla decisione del magistrato e quindi in tempi non in grado di assicurare una effettiva tutela alla persona danneggiata, vista la velocità di propagazione delle informazioni attraverso Internet.

Si potrebbe anche sostenere che sia possibile una seconda interpretazione delle parole «*non appena al corrente di tali fatti, agisca immediatamente per rimuovere le*

---

[97] Si veda in proposito: «La direttiva vincola lo Stato membro cui è rivolta per quanto riguarda il risultato da raggiungere, salvo restando la competenza degli organi nazionali in merito alla forma e ai mezzi», art. 288 par. 3 TFUE

informazioni o per disabilitarne l'accesso[98]» attribuendo maggiore importanza alla parte della frase riguardante l'**immediatezza** della azione (presente nelle parole "*non appena al corrente*" della direttiva 2000/31/CE) e, cioè, sbilanciando la valutazione verso una più veloce rimozione rispetto che verso una rimozione più ponderata e circoscritta. Questo porterebbe a pensare che, una volta ricevuta in **qualunque modo** la notizia (anche con una segnalazione), il prestatore del servizio *Internet* dovrebbe agire per la immediata rimozione. In questo caso la rimozione **non** dovrebbe passare da un provvedimento del giudice nazionale ma potrebbe anche essere semplicemente basata sulla segnalazione di un utente. Sebbene questa seconda interpretazione possa sembrare in prima analisi auspicabile perché consentirebbe di rimuovere i contenuti nel minor tempo possibile, sussisterebbe il rischio concreto che ogni fornitore di servizi *Internet* decida autonomamente quale messaggio sia degno di tutela democratica e quale, invece, debba essere rimosso.

Degne di nota sono anche tre sentenze della Corte Europea dei Diritti Dell'uomo. Oltre alla rilevanza delle pronunce considerate singolarmente, è opportuno osservare come vi sia una evoluzione sostanziale nei criteri di giudizio dalle prime sentenze rispetto ad altre pronunce riferite ad avvenimenti degli ultimi anni.

La prima sentenza è quella del caso *Handyside v. United Kingdom* del 7 dicembre **1976**[99]. I fatti si svolgono nel Regno Unito. Il sig. Richard Handyside è proprietario della casa editrice "Stage 1" di Londra e nel momento dei fatti ha già pubblicato alcuni libri incentrati sulle rivoluzioni in Congo, su un movimento di liberazione femminile chiamato *Body Politic* e su altre tematiche sociali e politiche. La Corte, durante la esposizione dei fatti, evidenzia esplicitamente le pubblicazioni precedenti probabilmente perché identificano l'idea politica della casa editrice. L'editore ricorre alla Corte di Strasburgo poiché ritiene che un libro (*Il Piccolo Libro Rosso di Scuola, The Little Red Schoolbook*) sia stato censurato ingiustamente dal governo britannico. Si tratta di un

---

[98] Si veda in proposito: direttiva 2000/31/CE; art.14, paragrafo 2 lettera b

[99] La documentazione è disponibile sul sito *web* della Corte Europea (*echr.coe.int*) alla voce "*Domanda n. 5493/72 - sentenza Handyside v. United Kingdom del 7 dicembre 1976*"

testo destinato principalmente al pubblico adolescenziale, già pubblicato anche in molti paesi tra cui l'Italia e proponente uno stile di vita *alternativo* e incentrato soprattutto su tematiche di libertà politica, civile e sessuale. Dopo la pubblicazione l'editore attiva una importante campagna di stampa e pubblicizzazione che gli causa diverse denunce. Le stampe vengono ritirate sulla base di alcune disposizioni contenute nella legge riguardante le pubblicazioni oscene (*Obscene Publications Act*) del 1959. Durante l'appello, proposto dal ricorrente nel tribunale inglese, viene sostenuto dallo Stato inglese che la motivazione della censura è ravvisabile nella «protezione della morale, in particolare per gli aspetti legati "allo stadio particolarmente critico dell'età dello sviluppo"», sulla base dell'art.10 par. 2 della CEDU, secondo il quale l'esercizio della libertà di espressione [espressa nel par. 1 dello stesso articolo], *"poiché comporta doveri e responsabilità, può essere sottoposto alle formalità, condizioni, restrizioni o sanzioni che sono previste dalla legge e che costituiscono misure necessarie […]"*. Nel giudizio diappello svoltosi all'interno dei confini dello Stato inglese la sentenza del primo grado la quale aveva ritenuto che la censura fosse legittima viene confermata .

Copertina della prima edizione del Little Red Schoolbook

L'editore, quindi, ricorre alla Corte Europea dei Diritti dell'Uomo. La Corte EDU giunge ad una decisione molto discussa tra i giudici poiché il verdetto non viene pronunciato in modo unanime[100]. Nella sentenza viene fatta una premessa importante riguardante la libertà di espressione che si ritiene riferibile sia alle le idee positivamente accolte dalla società e che, quindi, si inseriscono in un tessuto sociale già propenso ad accettarle o a considerare inoffensive (come una opinione di un partito politico), sia alle le idee che

---

[100] La sentenza viene infatti corredata da alcuni pareri discordanti cioè alcune opinioni dei giudici che non concordano con la decisione presa ma sono in minoranza. I pareri discordanti possono essere riferiti sia alla decisione presa sia al percorso giuridico utilizzato per prendere la decisione. Nel caso specifico «I giudici Mosler e Zekia hanno allegato le loro opinioni separate alla presente sentenza, ai sensi dell'articolo 51 cpv. 2 (art. 51-2) della Convenzione e articolo 50 cpv. 2 del Regolamento della Corte»;
per un approfondimento si veda in proposito: Sentenza *Handyside v. United Kingdom* del 7 dicembre 1976 (Domanda n. 5493/72)
La decisione viene presa tredici voti contro uno

sono sentite come *disturbanti* e colpiscono la sensibilità dello Stato[101] (come idee contrarie alla morale preponderante) o di qualunque settore della popolazione. Nel caso specifico viene deciso, tuttavia, che **non vi è stata violazione dell'articolo10** della Convenzione il quale garantisce che *"Ogni persona ha diritto alla libertà d'espressione. Tale diritto include la libertà d'opinione e la libertà di ricevere o di comunicare informazioni o idee senza che vi possa essere ingerenza da parte delle autorità pubbliche [...]"*. La domanda viene però rigettata. La motivazione che viene richiamata riguarda il riconoscimento del libero apprezzamento che deve essere garantito ad ogni Stato nazionale. Poiché le norme sono valide per vari Stati, anche molto diversi tra loro per cultura e situazione sociale, si deve ricorrere necessariamente al principio di sussidiarietà e assegnare allo Stato una ampia discrezionalità. Poiché nel caso specifico la decisione riguardava degli aspetti legati alla morale e soprattutto ad uno *"stadio particolarmente critico dell'età dello sviluppo"* e dato che il concetto di *morale* non è certamente uniforme in ogni Stato, viene deciso che può essere solo lo Stato a definire cosa sia la *morale*, individuarne i limiti e valutare come salvaguardarla. Secondo la decisione della Corte, in definitiva, spettava solo allo Stato definire se nel caso specifico fosse necessario prendere dei provvedimenti per conservare la *morale* e quali provvedimenti adottare a tale fine. Non viene ravvisata, quindi, alcuna violazione da parte dello Stato inglese e la rimozione del contenuto viene ritenuta rispettosa dei diritti umani e conformemente a quanto previsto dell'art.10 della CEDU il quale al secondo comma stabilisce che *"L'esercizio di queste libertà, poiché comporta doveri e responsabilità, può essere sottoposto alle formalità, condizioni, restrizioni o sanzioni che sono previste dalla legge e che costituiscono misure necessarie, in una società democratica [...] alla protezione della salute o della* **morale***"*.

---

[101] In questo caso inteso non come insieme di persone ma come istituzione

La seconda sentenza è quella del caso *Leroy v. France* del 10 ottobre **2008**[102]. Il ricorrente, Denis Leroy, è un cittadino francese e svolge il lavoro di fumettista presso alcune testate giornalistiche dello Stato. L'11 settembre 2001 il ricorrente presenta alla redazione della testata giornalistica settimanale Ekaitza[103] un disegno che rappresenta l'attacco alle torri gemelle del World Trade Center con una didascalia che, attraverso una parodia della frase "se lo puoi sognare, lo puoi fare" di Walt Disney[104], recita: "Lo abbiamo tutti sognato ... Hamas lo ha fatto". Il disegno viene poi pubblicato sullo stesso giornale due giorni dopo, cioè sul numero immediatamente seguente al disastro. Dopo la pubblicazione, il pubblico ministero (*Ministère Public*) della città francese in cui il giornale ha sede (Bayonne) avvia un procedimento contro il disegnatore e contro il giornale per un reato che nell'ordinamento italiano equivale al favoreggiamento (articolo 378 cp) aggravato dalla finalità di terrorismo (*complicity in condoning terrorism*) anche se con una accezione meno grave e più simile a quella di "aver avallato le idee"[105]. La Corte francese condanna sia il direttore del giornale che l'autore della vignetta al pagamento di 1500€ perché, usando la parola "noi" avrebbe incoraggiato indirettamente o comunque valutato positivamente la riuscita dell'atto criminale. La Corte Europea dei diritti dell'Uomo si pronuncia confermando la decisione della Corte francese e,quindi, negando l'appello. Viene infatti ritenuto che non

La vignetta riguardante la tragedia dell'11 settembre 2001 è spesso oggetto di dibattito.
Tali immagini pubblicate sui giornali sono assimilabili alle vignette satiriche di internet ("meme") citate nella prima parte della tesi.

---

[102] La documentazione è disponibile sul sito *web* della Corte Europea (echr.coe.int) alla voce "*domanda n. 36109/03 - Leroy v. France*"

[103] Attualmente è difficile reperire informazioni sulla rivista. Da alcune ricerche è possibile apprendere che il giornale è a tiratura locale ed è stato fondato nel 1986 e inizialmente appoggiava una politica nazionalista di sinistra. È pubblicato in lingua francese e basca. Attualmente è a tiratura quindicennale.

[104] "*If you can dream it, you can do it*" (originale)

[105] La corte europea usa la dicitura "complicity in condoning terrorism and condoning terrorism" indicando che era stata condannata sia la complicità nella azione che la azione stessa. In francese il reato è chiamato "*crime de pardonner le terrorisme*". Si veda in proposito il paragrafo "*complicity in condoning terrorism*", sentenza *Leroy v. France* del 10 ottobre **2008** (domanda n. 36109/03)

vi sia alcuna violazione della libertà di espressione prevista dall'art.10 della CEDU. La responsabilità viene evidenziata anche alla luce del momento in cui la pubblicazione era stata fatta (pochi giorni dopo la strage) ed al linguaggio utilizzato. La motivazione che viene data si riferisce al fatto che non si tratta nel caso in questione di una semplice opera artistica, che dovrebbe comunque essere accettata anche se generasse scandalo, ma di un messaggio politico. La Corte EDU sottolinea anche che il messaggio è reso ulteriormente pericoloso dall'essere stato pubblicato in una regione *"politicamente sensibile"* come quella basca e che la pubblicazione della vignetta ha generato una ampia reazione del pubblico rendendo, quindi, tale espressione potenzialmente in grado di provocare violenze o comunque di generare un forte impatto sull'ordine pubblico della regione. **Non** vi è stata, quindi, nemmeno in questo **violazione** dell'art. 10 della Convenzione Europea Sui Diritti Umani[106].

La terza sentenza, infine, riguarda un caso che ha avuto ampia risonanza nel territorio francese[107] poiché riguardante Jean-Marie Le Pen in opposizione allo stato della Francia[108]. Il ricorrente è stato presidente del partito francese "Fronte Nazionale"[109]. Nel 2005 il partito viene sanzionato con la somma di 10.000€ da pagare allo Stato Francese per *"incitamento alla discriminazione, all'odio e alla violenza verso un gruppo di persone a causa della loro origine o appartenenza o non appartenenza a uno specifico gruppo etnico, nazione, razza o religione"*, a causa delle dichiarazioni che J. Marie Le Pen ha fatto nei confronti dei musulmani presenti sul territorio francese, durante un'intervista al quotidiano Le Monde. All'interno del discorso il presidente del *Front*

---

[106] Per completezza va anche segnalato che nella stessa sentenza la corte giudichi colpevole la Francia per quanto previsto dall'art.6 della stessa Convenzione e, cioè, in merito al diritto ad un processo equo entro un termine ragionevole.
Il danno morale sostenuto dal ricorrente ammonta, secondo la corte, alla cifra di 1000€ che la Francia dovrà risarcire.

[107] Si veda in proposito: «*La condamnation de Le Pen était justifiée, selon la CEDH*» («*La* condanna della Le Pen è giustificata, dice la CEDU»); quotidiano *Libération*, 10 maggio 2010, AFP Gerard Julien

[108] La documentazione è disponibile sul sito web della Corte Europea (echr.coe.int) alla voce "*Le Pen v. France; domanda n. 18788/09*"

[109] Il partito è attualmente chiamato "*Rassemblement National*" ed era conosciuto fino al 2018 con il nome di "*Front National*". È stato fondato dallo stesso Le Pen nel 1972 e dal 2011 la presidente è la figlia, Marie Le Pen. Il partito è politicamente collocabile nella destra o estrema destra. Viene definito come partito "*sovranista*".

National ha affermato che "il giorno in cui non ci saranno più 5 milioni ma 25 milioni di musulmani in Francia, saranno loro a comandare"[110]. Dopo la condanna per la prima azione appena riportata, nel 2008 Le Pen commenta la sanzione ricevuta dicendo «Quando lo dico alla gente che quando avremo 25 milioni di musulmani in Francia noi francesi dovremo stare molto attenti[111], spesso mi rispondono: "Ma signor Le Pen, è già così!" e hanno ragione!»[112]. Per questa frase J. Marie Le Pen è stato condannato per la seconda volta al pagamento di altri 10.000€ e, cioè, è stato ritenuto per due volte colpevole dalla corte francese per condotte simili. La Corte d'Appello francese nel 2009 ha confermato la sentenza. L'appello del politico si basava sulla affermazione in base al quale i commenti non sarebbero stati riferiti a nessuna religione e non avrebbero voluto esprimere odio verso alcuni soggetti ma soltanto individuare come negativa una dottrina politica[113]. La Corte Europea ha **ritenuto** convenzionalmente **legittima** la sanzione della corte nazionale rigettando la richiesta di Le Pen. Si è rinvenuto, infatti, che le espressioni del politico andavano oltre le "semplici dichiarazioni offensive" e che, di fatto, fossero tese ad un vero e proprio rifiuto della comunità musulmana. Tale rifiuto sarebbe stato manifestato in modo tale da voler **attaccare** direttamente le persone in base alla loro religione. Le affermazioni non sono state quindi considerate come delle semplici offese. È qui da porre l'attenzione sul modo in cui è stata svolta la valutazione. Si osserva infatti che il punto focale della sentenza si riferisce proprio all'attacco che vien mosso nei confronti di una certa etnia. Le espressioni vengono descritte come *"in grado di fare*

---

[110] Si veda in proposito: *"the day there are no longer 5 million but 25 million Muslims in France, they will be in charge"*
;sentenza *Le Pen v. France*; domanda n. 18788/09

[111] L'espressione "stare molto attenti" è anche traducibile come "controllare dove metteremo i piedi" probabilmente in riferimento al pericolo di fare qualunque azione.

[112] *"When I tell people that when we have 25 million Muslims in France, we French will have to watch our step, they often reply: 'But Mr Le Pen, that is already the case now!' – and they are right."*
;sentenza Le Pen v. France; domanda n. 18788/09

[113] *"...argued that his statements were not an explicit call for hatred or discrimination and did not single out Muslims because of their religion, and that the reference to Islam was aimed at a political doctrine and not a religious faith"*;
sentenza Le Pen v. France; domanda n. 18788/09

sorgere sentimenti di rifiuto ed ostilità"[114]. La Corte Europea ha, inoltre, confermato la sentenza della Francia anche rispetto alla competenza in ambiti ritenuti di particolare delicatezza e, cioè, quando si parla di soggetti politicamente influenti a livello nazionale come nel caso in questione. La Corte EDU si è chiesta se un politico abbia il diritto, durante l'esercizio delle proprie funzioni, di esprimere opinioni *forti* ed aggressive o che comunque vadano oltre quanto sarebbe concesso ai normali cittadini. In questo caso la Francia ha ritenuto che la liberà di espressione che è dovuta a tutti i cittadini ed in particolare ad una figura con rilevanza politica non giustificasse comunque tali dichiarazioni e che esse fossero in ogni caso un "incitamento alla discriminazione all'odio o alla violenza nei confronti di un gruppo di persone" [115].Nella sentenza di appello del 2009, inoltre, la Corte francese ha esplicitamente rifiutato l'idea che un attacco diretto come quello del caso in questione potesse essere definito non come odio verso i **soggetti** ma solo come disprezzo per una **dottrina politica**. Anche questa interpretazione è stata confermata dalla Corte EDU[116].

Per motivare la propria decisione, la Corte Europea riprende la massima vista in precedenza in relazione agli altri casi trattati, attribuendo grandissima importanza alla libertà di espressione "*nel contesto dei dibattiti pubblici in una società democratica*"[117] ed evidenziando che tale principio è chiaramente esposto dall'art.10della Convenzione Europea dei Diritti dell'Uomo. La Corte Europea ha anche ribadito che tale libertà, in una società democratica, deve essere riconosciuta «non solo a "*informazioni*" o "*idee*"

---

[114] Le parole originali nel testo (traduzione inglese) sono "*likely to give rise to feelings of rejection andhostility*"

[115] "*The Court of Appeal considered that Mr Le Pen's comments to the newspaper suggested that the security of the French people, whose reactions allegedly went further than his own offending statements, depended on them rejecting the Muslim community. It held that the applicant's freedom of expression was no justification for statements that were an incitement to discrimination, hatred or violence towards a group of people.*"; sentenza Le Pen v. France; domanda n. 18788/09

[116] "*...argued that his statements were not an explicit call for hatred or discrimination and did not single out Muslims because of their religion, and that the reference to Islam was aimed at a political doctrine and not a religious   fait*h"; sentenza Le Pen v. France; domanda n. 18788/09

[117] Le parole originali nel testo (traduzione inglese) sono "*The Court reiterated that it attached the highest importance to freedom of expression in the context of political debate in a democratic society*"

che sono state accolte favorevolmente, ma anche a quelle che hanno offeso, scioccato o sono percepite come disturbanti». I principi appena esposti sono importantissimi poiché illustrano la metodologia che deve essere applicata ad ogni espressione che possa essere considerata sovversiva o d'odio e vale indipendentemente dal mezzo con il quale il messaggio è divulgato. Oltre al principio, è altrettanto rilevante che la Corte Europea individui anche i **limiti** alla libertà di parola. Viene detto infatti che, poiché le espressioni sono state usate da Le Pen in un contesto in cui si trattavano le "problematiche legate all'insediamento e all'integrazione degli immigrati nei loro paesi ospitanti", è giusto lasciare allo Stato un margine di apprezzamento per valutare quanto sia corretto influire sulla libertà di espressione di un soggetto (in questo caso, della ricorrente). Si sottolinea, inoltre, che nel caso specifico le espressioni erano poste in modo da poter mettere in cattiva luce la comunità musulmana e ciò avrebbe potuto suscitare sentimenti di rifiuto e ostilità. La Corte, in definitiva, ha ritenuto corretta la decisione del tribunale Francese, poiché tali limitazioni "sono necessarie in una società democratica" e ha respinto la richiesta della ricorrente.

Dalle sentenze analizzate è osservabile come la Corte EDU evidenzi in modo unitario[118] l'importanza della libertà di espressione, mettendo però in relazione tale libertà con la necessità di uno Stato democratico di garantire la giustizia all'interno della società. È quindi evidente come la libertà di parola **non** sia considerata **assoluta** ma venga, al contrario, *mediata* dalle necessità della comunità nella quale una affermazione viene espressa.

Ciò che cambia, invece, nel giudizio della Corte è la tematica cui lo stesso principio è applicato. Il caso *Le Pen v. France* è risolto dalla sentenza della Corte Europea dei Diritti dell'Uomo (2010) e vede come punto focale la libertà di esprimere alcune opinioni politiche che però contengano messaggi ritenuti discriminatori o che comunque possano rappresentare un pericolo per la società. Il caso *Leroy v. France* nella sentenza del 2008

---

[118] Senza, cioè, pareri dissenzienti. Ciò evidenzia l'importanza e la fermezza della decisione.

si interroga sulla possibilità di pubblicare vignette ironizzanti su delle stragi (*black humor*) subito dopo l'avvenimento e se ciò possa essere censurato. Viene identificata anche come scriminate la **modalità** con cui la vignetta si esprime: infatti, un contenuto troppo incisivo viene considerato non solo offensivo ma anche a favore degli atti di terrorismo. La Corte dice anche che tali espressioni avrebbero potuto aumentare le violenze nella zona in cui il quotidiano era pubblicato. In ultimo, la sentenza *Handyside v. United Kingdom* del 1976 affronta la questione relativa alla pubblicazione e della censura di alcuni testi controversi, trattanti la libertà sociale e sessuale e per questo considerati offensivi da alcuni.

Nei primi due casi (*Le Pen v. France* e *Leroy v. France*) è facile comprendere le motivazioni che hanno condotto la Corte EDU a confermare i provvedimenti di *censura* emessi dalle corti nazionali. È da osservare come tali sentenze siano permeate anche da un giudizio *morale* sulla vicenda e questo lascia pensare che in casi analoghi non tutti i giudici si comporterebbero nello stesso modo. In entrambi i casi visti, infatti, la corte pone la massima fiducia nel *libero apprezzamento dello Stato*, sostenendo che devono essere le singole Corti nazionali a definire i *confini* di ciò che sia accettato e consa non lo sia anche alla luce della situazione sociale in cui l'espressione si inserisce. Il *libero apprezzamento* di cui parla la Corte europea deve, infatti, essere svolto da individui che, come tali, hanno sensibilità diverse nei confronti della stessa tematica. Ciò è facilmente dimostrabile attraverso la sentenza del 1976 (*Handyside v. United Kingdom*) che molto probabilmente dalla società attuale sarebbe considerata iniqua. Una maggiore consapevolezza sessuale e una maggiore libertà sociale[119] fanno parte della realtà attuale e negli anni '70 forti cambiamenti da quel punto di vista erano in atto. Questo ha necessariamente comportato una spaccatura tra le opinioni di alcuni giudici, che sono

---

[119] Si pensi, ad esempio, ai testi pubblicati dalla casa editrice riguardanti i movimenti sociali femministi citati in sentenza

giunti ad una sentenza non unanime[120]. Le opinioni contrastanti che sono emerse confermano quanto appena detto: le opinioni contrastanti[121] che portano al dissenso di alcuni giudici, infatti, non si basano su ragioni *in diritto* ma su ragioni *in fatto*. Probabilmente il dissenso è dovuto alla cultura di provenienza che porta a considerare gli stessi fatti con un'ottica diversa.

Per concludere l'analisi della normativa sovranazionale rilevante per la tematica trattata in questa tesi è bene affrontare il diritto all'oblio. La correlazione con la legislazione non è immediata come lo era, al contrario, nei casi precedenti e merita quindi un approfondimento. Come si è visto in precedenza, vi sono alcune categorie di soggetti che più di altre sono identificabili come vittime di discorsi di odio soprattutto attraverso la diffusione di notizie *online*. Ad esse è stato in particolare già dedicato un paragrafo nella prima parte della trattazione. Si è fatto anche notare come tale odio possa avere effetti negativi per una persona sottoposta a processo, nella reputazione sia a breve termine (durate il processo) che a lungo termine (dopo aver scontato la propria pena). Una delle caratteristiche dei discorsi di odio *online* è proprio quella della **permanenza** e **persistenza** del contenuto lesivo. Tale peculiarità viene accentuata nel caso in cui venga scatenata una campagna mediatica volta a denigrare un soggetto perché accusato

Una delle possibilità di commento fornite dai quotidiani online immediatamente al di sotto degli articoli. In questo caso l'immagine esemplificativa è presa da liberoquotidiano.it

---

[120] «I giudici Mosler e Zekia (rispettivamente della Germania ovest e di Cipro) hanno allegato le loro opinioni separate alla presente sentenza, ai sensi dell'articolo 51 cpv. 2 (art. 51-2) della Convenzione e articolo 50 cpv. 2 del Regolamento della Corte»;

Si veda in proposito: Sentenza Handyside v. United Kingdom del 7 dicembre 1976 (Domanda n. 5493/72)

[121] Il principio della *dissenting opinion* (opinione dissenziente) è un principio tipico del mondo anglosassone che prevede la possibilità per alcuni giudici di *allegare* alla sentenza alcune opinioni in tutto o in parte contrastanti con il parere *principale* espresso dalla maggioranza degli altri giudici che compongono il collegio giudicante. Per approfondire si veda l'articolo accademico "Lezione sulla cosiddetta opinione dissenziente" di Sabino Cassese, Quaderni di diritto costituzionale, 4\2009, presente sul sito web della Corte Costituzionale italiana (*cortecostituzionale.it*)

di un crimine. I contenuti lesivi, infatti, potrebbero essere facilmente accessibili digitando nome e cognome dell'accusato sui motori di ricerca anche dopo la sua assoluzione o dopo che egli ha scontato la pena. Ciò si verificherebbe, quindi, ben oltre il periodo di utilità sociale dell'informazione. è senza dubbio vero che l'informazione giornalistica è necessaria soprattutto per la finalità sociale che viene attribuita al serviziotuttavia deve essere osservata anche il bisogno di tutela del soggetto che viene esposto alla opinione pubblica. Tale opinione è spesso offensiva, denigratoria e senza filtri soprattutto *online*. Tale lesione si manifesta servendosi direttamente delle piattaforme messe a disposizione per il commento degli articoli pubblicati digitalmente dai vari quotidiani. Proprio per questo motivo, è stata riconosciuto recentemente dal *General Data Protection Regulation* (GDPR) (che rappresenta la legge cardine dell'Unione Europea in materia di *privacy online* e di tutela dell'utente finale) il principio del **diritto all'oblio** già da molto tempo discusso all'interno delle aule di tribunale utilizzando la forma della richiesta del diritto alla *privacy*. Tale diritto è stato accolto in Europa attraverso l'importante apporto culturale delle Corti inglesi e americane. All'interno del diritto anglosassone, infatti, il diritto all'oblio prende il nome di *right to be forgotten* (letteralmente *diritto ad essere dimenticato*) e consiste nel diritto alla **non** diffusione e la eventuale cancellazione di informazioni che possono costituire un danno per l'onore e la reputazione di una persona. Il diritto è collegato con la lotta ai discorsi di odio poiché ogni notizia che viene pubblicata *online*, come abbiamo visto in precedenza, tende a generare una immediata risposta del pubblico, che può essere anche molto energica e sfociare nella violenza verbale ed anche fisica. Il diritto all'oblio dovrebbe essere applicato ai fatti di cronaca giudiziaria e ai precedenti penali che, tuttavia, non sono l'unico motivo possibile di applicazione della norma. Si pensi, ad esempio, ad un soggetto che durante l'adolescenza insulti una figura pubblica di spicco attraverso un atto eclatante come, ad esempio, urlare ad un comizio, pubblicare foto con immagini scurrili ecc..

Il problema riguardante la persistenza di informazioni negative per la propria reputazione era presente anche con la carta stampata tuttavia, per disporre degli stessi dati in formato analogico era necessario impiegare ampie risorse economiche. Le ricerche presupponevano, infatti, un accesso fisico agli archivi dei giornali presenti nelle biblioteche che dovevano essere visionati manualmente. Un'altra possibilità riguardava l'accesso agli schedari disponibili nella sede dei giornali che, però, poteva essere svolto solo da poche persone. Il tipo di ricerche appena descritto è stato, però, da anni superato da archivi *online* facilmente accessibili a tutti e dagli stessi motori di ricerca gratuiti come Google. La rimozione del contenuto da *Internet* (ad esempio da un motore di ricerca o da un sito *web* di un giornale) si scontra spesso con il principio del **diritto alla cronaca**. Una notizia, infatti, può essere mantenuta *online* fino a che vi sia ancora finalità sociale, tuttavia non è quasi mai chiaro il momento in cui la finalità sociale della notizia si esaurisca nel tempo. Un medico accusato di *malasanità* e poi assolto, ad esempio, potrebbe chiedere la rimozione del proprio nome da alcuni articoli *online* di cronaca nera poiché pregiudicano ingiustamente la sua carriera e vedersi tuttavia negata la richiesta da parte delle piattaforme poiché la notizia potrebbe essere considerata ancora di *pubblica utilità*. Il diritto all'oblio[122] è disciplinato dal punto di vista del Diritto europeo, come detto, dal Regolamento Generale sulla Protezione dei Dati (GDPR) approvato nel maggio 2018 agli articoli 17, 21 e 22. Secondo l'articolo 17 è previsto il *"Diritto alla cancellazione"* che comporta per *"il titolare del trattamento* [dei dati personali]" *"l'obbligo di cancellare senza ingiustificato ritardo i dati personali"*[123]. Vi sono varie ragioni che possono obbligare il titolare del sito *web* alla cancellazione dei contenuti. I più rilevanti sono la necessità non più attuale del contenuto (art. 17 comma 1 lettera b), l'opposizione dell'interessato (art.17 comma 1 lettera c), il trattamento illecito (art. 17

---

[122] Importante ai fini della comprensione della tematica è riprendere quanto scritto da Umberto Ambrosoli e Massimo Sideri nel libro "Diritto all'oblio, dovere della memoria. L'etica nella società interconnessa" (2017 – Bompiani) poiché sintetizza efficacemente il pensiero della giurisprudenza riguardo al diritto all'oblio. Viene scritto, infatti, che è *"giusto interesse di ogni persona [è] non restare indeterminatamente esposta ai danni ulteriori che arreca al suo onore e alla sua reputazione la reiterata pubblicazione di una notizia in passato legittimamente divulgata"*. Sebbene tale ipotesi viene utilizzata per giustificare la rimozione dei contenuti *legittimi* è a maggior ragione ipotizzabile che la stessa procedura venga applicata in tutti i casi in cui il contenuto riguardante un soggetto è stato legittimamente pubblicato ma contiene discorsi di odio e, quindi, non è ravvisabile alcun motivo per cui esso debba essere mantenuto visibile *online*. La presenza del contenuto lesivo rende la vittima legittimata ad agire. Spesso in questo caso viene invocata la normativa relativa alla diffamazione che verrà affrontata nel prossimo capitolo.

[123] Si veda in proposito: GDPR, art.17 comma 1

comma 1 lettera d) e la necessità di adempiere ad altre norme (art. 17 comma 1 lettera e). L'ultimo punto (lettera e) è quello che dovrebbe interessare maggiormente gli Stati nazionali poiché, stabilendo che *"i dati personali devono essere cancellati per adempiere un obbligo legale previsto dal diritto dell'Unione o dello Stato membro cui è soggetto il titolare del trattamento"*, fornisce la possibilità per i singoli Stati di agire legalmente per tutelare i dati dei cittadini lesi. Tale azione deve essere svolta in vari ambiti e può rigardare più aspetti dei contenuti *online* che spaziano, ad esempio, da *fake news* a espressioni di *hate speech*. Le tempistiche e le modalità della rimozione dipendono dalle decisioni politiche che possono essere volte ad un maggiore interesse verso la totale libertà di parola o verso una più veloce tutela per i cittadini lesi. L'azione di rimozione potrebbe essere messa in atto dagli Stati nazionali perché qualunque fornitore del servizio di **accesso** alla rete *Internet* (più correttamente *Internet Service Provider* o *ISP*) [124]. ha sede nel territorio nazionale e può porre un primo freno alla divulgazione di dati riservati facendo in modo che la connessione tra il richiedente (ad esempio un *computer*) e il *data center* dove è presente il *server* del *sito web* non avvenga[125]. Tale blocco non è tecnicamente molto efficace e con una media conoscenza della Rete può essere aggirato[126] Tuttavia tale misura può essere utile per fornire un primo argine al dilagare di notizie non più attuali e pericolose per la reputazione del soggetto. Tali contenuti continuerebbero però ad esistere in Rete in luoghi esterni alla giurisdizione del singolo Paese. La stessa disposizione dell'art.17 comma 1 lettera "e" del GDPR potrebbe essere applicata a tutti i quotidiani *online* sul territorio nazionale

---

[124] In Italia l'*Internet Service Provider* può essere identificata in compagnie come ad esempio Telecom, Vodafone, Fastweb ecc. È colui che fornisce fisicamente l'accesso ad *internet* a immobili e telefoni cellulari.

[125] La terminologia riferita a *data center* e *sito web* è già stata affrontata in precedenza. Si ricapitolano qui i punti fondamentali per maggiore chiarezza. Il *server* è il luogo in cui un *sito* web è presente. Si tratta della singola macchina che elabora le richieste e fornisce ad un'altra macchina le informazioni elaborate. È, quindi, il *computer* che mostra il sito *web* tramite la rete. Per *data center* si intende il luogo fisico in cui il *server* è presente. Solitamente è l'insieme di molti computer connessi ad internet con connessione ad alta velocità.

[126] Il blocco avviene a livello di dns (cioè la "rubrica" elettronica che collega il dominio, ad esempio www.repubblica.com al server del sito web, ad esempio 213.92.16.101) e si può aggirare utilizzando un servizio di "rubrica" non presente nel territorio nazionale. Uno dei dns più famosi è fornito da Google stesso ma deve essere applicato manualmente attraverso alcune modifiche alle impostazioni di sistema.

che, di fatto, rappresentano ancora la maggior concentrazione di notizie riservate. A tal proposito è necessario esaminare anche l'art. 17 comma 1 lettera d del GDPR in cui si rende obbligatoria la cancellazione di dati personali trattati illecitamente quali, ad esempio, tutti i documenti ancora coperti da segreto istruttorio che siano pubblicati dalle testate giornalistiche. Si può sostenere che spesso la divulgazione di tali informazioni travalichi il diritto di cronaca e, di fatto, rischi di scatenare odio e svolgere un "processo mediatico" nei confronti di persone che per la legge italiana sono innocenti fino a sentenza definitiva. La disposizione relativa alla rimozione del nominativo dai contenuti *online*, ovviamente, potrebbe non essere applicabile ad un medico esercitante ma non abilitato sotto processo o ad un politico accusato di corruzione (vige il diritto di cronaca) vista l'**utilità sociale**[127] di tali informazioni. È certamente più difficile, tuttavia, ravvisare la stessa utilità nell'informazione dell'arresto di un sospetto per un furto o un omicidio, fornendo nome e foto, quando il soggetto è già sottoposto a misure di custodia cautelare.

Deve anche essere menzionato l'articolo 21 del GDPR il quale sottolinea la possibilità di esercitare il **diritto all'opposizione** al trattamento non autorizzato dei dati personali in tutti i casi in cui la piattaforma che presta il servizio li usi per identificare unicamente il soggetto e si tratti di dati sensibili (ad esempio nome e indirizzo, foto, posizione e dati sanitari[128]). Tale norma potrebbe essere applicata anche nei casi in cui il nome venga citato in alcuni insulti *online* in modo indiretto, riferendosi ad una pagina *social* personale (chiamata *profilo*). In tal caso, infatti, il nome citato (*tag*) riporta con un collegamento (*link*) alla pagina personale in cui il soggetto ha volontariamente inserito i dati. In questo modo, almeno indirettamente, sulla pagina del *social* sarebbe presente un contenuto non richiesto (l'insulto) formato da una parte che contiene dei dati (o, meglio,

---

[127] Per approfondimento sulla terminologia relativa all'*utilità sociale* si veda "Libertà contrattuale e utilità sociale" di Salvatore Mazzamuto, Europa e diritto privato, 2011

[128] Ci si riferisce all'utilizzo di *smart band* cioè dispositivi che tracciano l'andamento delle pulsazioni cardiache e di altri valori nel tempo. Tali dati, a richiesta dell'utente, possono poi essere condivisi all'interno di un social messo a disposizione dalla piattaforma. Tale uso si unisce spesso alla divulgazione, dopo aver prestato consenso, dei tracciati di corsa attraverso i dati GPS.

una connessione diretta ad essi) forniti dall'utente ma per scopi totalmente diversi a quello in uso (cioè nella pubblicazione, *post*, usato come insulto). Il GDPR è estremamente importante per il funzionamento del sistema perché stabilisce all'art.21comma 5 che «*l'interessato può esercitare il proprio diritto di opposizione con mezzi automatizzati che utilizzano specifiche tecniche*». Ciò significa che, nel caso in cui si decidesse di interpretare l'art 21 anche per il contrasto dell'odio *online*, si potrebbero addirittura introdurre dei sistemi automatizzati attraverso i quali il soggetto leso, dopo essersi autenticato, potrebbe chiedere la rimozione della pubblicazione lesiva. Tale interpretazione, però, deve fare salvo il diritto alla critica e, per questo, sarebbe possibile utilizzare l'art. 21 comma 6 del GDPR il quale afferma che «*Qualora i dati personali siano trattati a fini di ricerca scientifica o storica o a fini statistici* [...*il soggetto al quale il contenuto è riferito...*] *ha il diritto di opporsi al trattamento di dati personali che lo riguarda, salvo se il trattamento è necessario per l'esecuzione di un compito di interesse pubblico*». Tale articolo certamente preserva il diritto di cronaca e la pubblica utilità. Si potrebbe, tuttavia, sostenere che sia possibile ricondurre la conservazione dei contenuti anche molto vecchi (che avviene per ragioni soprattutto economiche come attrarre gli utenti che stiano cercando notizie eclatanti al fine di aumentare il numero di visitino di un sito *web* e quindi il profitto) a motivi di "ricerca storica". Tale interpretazione sembra tuttavia molto ampia e non verosimile. L'assenza di altri casi in cui i dati ed i contenuti possano essere conservati contro la volontà del soggetto titolare delle informazioni rende ragionevole pensare che la eventuale richiesta di rimozione debba essere accettata **anche** nel caso in cui **non** violi l'interesse pubblico.

L'intera normativa del GDPR nasce con l'intento di offrire maggiore tutela all'utente finale delle piattaforme e di assicurare **maggiore controllo sui dati personali**. È quindi plausibile supporre che, a fronte di una problematica così significativa come quella dell'utilizzo improprio dei dati personali al fine di diffamare ed insultare un soggetto, l'Unione Europea voglia intervenire anche ponendo in parte la responsabilità della condotta sulle piattaforme. Ciò non significa che la persona che ha pubblicato il contenuto lesivo non venga interessata dalle sanzioni ma, unicamente, che la priorità sia quella di mantenere un clima equilibrato all'interno della piattaforma nei confronti dei soggetti che di fatto vedrebbero utilizzati i propri dati personali per scopi estremamente lontani da quelli per i quali avevano prestato il consenso. A tal fine è anche auspicabile che venga lasciata la scelta al singolo, come già avviene con l'utilizzo di alcune piattaforme[129], circa l'utilizzo che utenti sconosciuti possano fare dei dati personali forniti da altri.

In modo simile, anche l'articolo 22 del GDPR è correlabile con la limitazione dei contenuti di odio *online*. La norma, infatti, è dedicata alla limitazione delle forme di *profilazione*[130] automatiche, ossia di quei sistemi che, attraverso alcuni programmi di *intelligenza artificiale* (*machine learning*), sono in grado di individuare l'utente e personalizzarne la esperienza in un determinato sito *web*. Ciò diventa dannoso quando un soggetto, accusato ad esempio di omicidio, viene correlato, nei risultati delle ricerche *online*, ad alcuni articoli presenti su *internet* anche molto precedenti nel tempo. La richiesta di rimozione dovrà però essere puntuale e riguardare tutti i contenuti (ad esempio tutti i risultati di ricerca) per i quali si richiede l'intervento. Solo i contenuti così segnalati potranno poi essere rimossi. Tuttavia non sempre un soggetto svolge correttamente la ricerca e non richiede alla piattaforma (o, più spesso, **alle** piattaforme) di eliminare in modo certo **tutti** i contenuti sul proprio conto rendendo di fatto vano il processo di rimozione poiché i dati lesivi saranno comunque accessibili presso altre fonti. Quanto visto fino ad ora ed incluso nel testo del *Regolamento Generale Sulla Protezione Dei Dati* deve però sempre conciliarsi con il diritto di critica e di cronaca, che non possono essere sacrificati in funzione della pace sociale, come evidenziato anche nelle sentenze fino ad ora esaminate. Una applicazione cieca della rimozione porterebbe certamente a delle situazioni inique, che possono evitarsi unicamente verificando in ogni singolo caso se vi sia o meno una lesione per il soggetto. L'azione di rimozione deve, però, essere comunque resa possibile in tutti i casi in cui sia necessaria e il giudizio

---

[129] «*Who can tag me and how do I know if someone tags me on Facebook?*», titolo dell'articolo presente sul sito web: *Facebook.com/help*, versione in lingua inglese del centro assistenza del *social* Facebook

[130] Termine aggiunto nel 2008 ai neologismi della Enciclopedia Treccani ed utilizzato soprattutto in ambito informatico e sociologico. È definibile come "stesura di un profilo, mediante l'identificazione e la raccolta dei dati personali e delle abitudini caratteristiche di qualcuno"

relativo alla rimozione non può che spettare al singolo Stato e ad apparati pubblici, anche se rimane auspicabile che nasca una giurisdizione europea che specifichi la condotta da tenere in relazione a queste delicate problematiche.

b. La normativa nazionale

I. La diffamazione

la diffamazione e l'ingiuria vengono normalmente accomunate dal fatto di essere offese all'onore o al decoro. Nel discorso di non-tecnici del diritto molto spesso tali termini sono anche utilizzati come sinonimi, tuttavia si riferiscono a tre fattispecie distinte. In questa sede ci si occuperà in particolare della diffamazione, con qualche riferimento anche all'ingiuria sebbene essa sia stata depenalizzata.

La diffamazione è disciplinata dal'art.595 del codice penale e prescrive che venga punito *"chiunque, comunicando con più persone, offenda la altrui reputazione[131]"*. La competenza del reato viene divisa tra primo e secondo comma a seguito del d.lgs. n.7 del 15\1\2016 relativo alla depenalizzazione. Il primo comma della norma è, infatti, di competenza del giudice di pace e questo potrebbe trarre in errore facendo pensare che la norma sia ormai marginale nell'ordinamento. Il comma 3, invece, è di competenza del tribunale monocratico e recita: *"Se l'offesa è recata col mezzo della stampa o con qualsiasi altro mezzo di pubblicità, ovvero in atto pubblico, la pena è della reclusione da sei mesi a tre anni o della multa [...]"*. In questo caso si pone l'attenzione proprio sulla comunicazione svolta in modo *pubblico*. È quindi necessario affrontare alcune questioni fondamentali per comprendere **se** sussista l'applicabilità del reato di diffamazione all'odio *online*. Si dovranno anche affrontare le problematiche più strettamente correlate alla corretta identificazione del reato ed ai punti in comune e differenze che intercorrono tra l'*hate speech* e i tipi di diffamazione già noti come la diffamazione attraverso il mezzo stampa.

---

[131] Si veda in proposito: Art 595 comma 1, codice penale italiano

È necessario in primo luogo osservare la tematica relativa alla tipicità. È necessario, cioè, definire se un insulto presente *online* possa perfezionare il reato di diffamazione. Tale problematica si lega anche alla possibilità per lo stesso reato di essere o meno aggravato cioè integrare una fattispecie che rientri nel terzo comma dell'art. 595 cp anziché nel primo. Per compiere tale ragionamento bisogna analizzare se un messaggio di *hate speech* sia o meno considerabile come comunicato a due o più persone poiché tale comunicazione è uno degli elementi fondanti del reato di diffamazione.

La giurisprudenza ha più volte affrontato tale problematica. La Cassazione Penale ha definito che la diffamazione tramite social non solo sia perfezionata ma anche che si configuri in modo aggravato ed essendo, quindi, sottoposta al terzo comma dell'art.595. Nella sentenza n.2723\2016[132] la Corte è stata chiamata a pronunciarsi in merito alla pubblicazione da parte dell'imputato di un messaggio dal contenuto offensivo sulla pagina personale dedicata (*profilo*) della vittima nel *social* Facebook. Tale messaggio era risultato accessibile a tutti gli utenti in grado di visualizzare la pagina personale della vittima (Facebook generalmente chiama tali utenti *amici*), La sentenza ha efficacemente risolto il problema relativo sia alla tipicità della condotta sia all'aggravarsi della fattispecie dicendo che «*La divulgazione di un messaggio di contenuto offensivo tramite social network ha indubbiamente la* **capacità di raggiungere un numero indeterminato di persone**, *proprio per la natura intrinseca dello strumento utilizzato, ed è dunque idonea ad integrare il reato della diffamazione aggravata*»[133]. Utilizzando l'espressione "*raggiungere un numero indeterminato di persone*" la Corte ritiene che l'atto diffamatorio compiuto attraverso *social* sia in grado di essere comunicato a "due o più persone" per il semplice fatto di esser presente sulla piattaforma anche se l'imputato aveva sollevato l'obiezione di avere un numero esiguo di "*amici*" a cui era concessa la visualizzazione del messaggio. Un altro elemento chiave secondo la dottrina classica

---

[132] Il testo della sentenza è disponibile integralmente sul sito web della corte di Cassazione alla voce "sentenza cassazione penale, sezione V, 07/10/2016, sentenza n.2723"

[133] Si veda in proposito: sentenza della Cassazione penale, sez. V, 07/10/2016, n. 2723

relativamente alla tipicità della condotta sembra essere la definizione della presenza della vittima. Se la vittima fosse considerata come presente, infatti, si rientrerebbe nel reato di ingiuria che però è stato depenalizzato nel 2016 sostituendo la sanzione penale per tale condotta con una sanzione pecuniaria civile. Secondo tale interpretazione sarebbe quindi fondamentale che la vittima fosse **assente** per configurarsi il reato di diffamazione[134]. Poiché lo spazio telematico è considerabile come uno spazio aperto a potenzialmente infiniti soggetti sembra credibile l'ipotesi che la vittima possa considerarsi **presente**. Pur confermando che la vittima in caso di diffamazione *online* è da considerarsi **presente**, la sentenza della cassazione n.4741\2000[135] scardina la convinzione che vedeva elemento necessario della diffamazione l'**assenza** della vittima affermando che è da considerarsi di primaria importanza l'**ampia diffusione** del messaggio e che quindi **non risulta rilevante** se tra le persone che leggono il messaggio vi sia o vi possa essere la vittima. Per definire i caratteri fondamentali della condotta di diffamazione si può anche utilizzare la sentenza numero 28558/2018 della Corte di cassazione in merito ad un ricorso contro il provvedimento del giudice di pace di Padova. Il ricorrente, un avvocato, chiedeva di annullare una condanna al risarcimento per aver insultato un collega con parole denigratorie della professione forense. In un passaggio della sentenza viene chiaramente detto che *"La tipicità della condotta di diffamazione consiste nell'offesa della reputazione. È dunque necessario, nel caso della comunicazione scritta od orale, che i termini dispiegati od il concetto veicolato attraverso di essi siano* **oggettivamente idonei a ledere la reputazione** *del soggetto passivo.".* La sentenza spiega anche che il reato di diffamazione è stato strutturato al fine di **proteggere l'onore e la reputazione** della vittima. Secondo la sentenza assume rilevanza qualunque manifestazione che intacchi la credibilità dell'individuo nei confronti di altri soggetti. È necessario però osservare che la sentenza si riferisce (ed accoglie) un ricorso in merito all'art. 595 comma 1 del Codice penale che, come visto, è

---

[134] *"Diffamazione a mezzo stampa (radio-televisione-Internet)"*, Domenico Chindemi, 2006, Giuffrè Editore

[135] Il testo della sentenza è disponibile integralmente sul sito web della corte di Cassazione alla voce "sentenza cassazione penale, sezione V, 27/12/2000, sentenza n. 4741"

di competenza del giudice di pace così come anche il comma 2. È diverso invece il comma 3 dello stesso articolo. In questi casi infatti la diffamazione è riferita attraverso un mezzo che ne moltiplichi la diffusione. Le parole utilizzate dall'art.595 cp per definire la diffamazione aggravata sono *"se l'offesa è recata col **mezzo della stampa** o con **qualunque altro mezzo di pubblicità**, ovvero in atto pubblico"*. È rilevante ai fine del ragionamento ricordare che viene tenuto in considerazione anche l'utilizzo di *altri mezzi di pubblicità*. Questo porta a pensare che quasi certamente può essere incluso tra gli *altri mezzi* anche quello informatico o telematico. Deve anche essere evidenziato, però, che il mezzo informatico è tecnicamente atipico rispetto ad altri mezzi di pubblicità. Bisogna in primo luogo definire se nel momento in cui il legislatore ha deciso di aggravare il reato di diffamazione allorché realizzato tramite *mezzo di pubblicità* abbia voluto intendere che la maggiore offensività derivasse dalla maggiore diffusione del contenuto diffamatorio rispetto a quanto avverrebbe normalmente e, cioè, senza un mezzo di *pubblicità* che funga da *cassa di risonanza* del contenuto lesivo. Un atto di diffamazione è commesso *comunicando a più persone* (art.595 comma 1 codice penale). Lo stesso atto verrebbe aggravato se l'espressione venisse pubblicata in un giornale a tiratura nazionale (*col mezzo della stampa*, art 595 comma 3). In questo caso la norma è spiegabile dal fatto che un articolo pubblicato su un giornale noto venga letto certamente da più persone rispetto a quelle presenti in un normale teatro. È quindi chiaro che sia rilevante la maggior diffusione del contenuto e che non vi sia una scriminante particolare relativa ad un mezzo di diffusione specifico. Necessario per configurare la diffamazione **aggravata** non è, quindi, il mezzo specifico della stampa. Si tratta infatti di una norma generale posta proprio a tutelare l'onore della vittima indipendentemente dai mezzi utilizzati per trasmettere il messaggio diffamatorio e l'aggravamento della sanzione deriva dal fatto che venga data maggiore diffusione al messaggio. È corretto quindi dire che la diffamazione descritta dall'articolo 595 del Codice penale può anche realizzarsi tramite mezzo *online*, tuttavia bisogna appurare se vi sono delle problematiche di riconduzione della condotta al comma 1 oppure, in alternativa, al comma 3 di detto articolo, sebbene attualmente la giurisprudenza propenda per la applicazione della condotta a quest'ultimo ravvisando nella diffamazione *online* la stessa condotta della stessa azione svolta attraverso il mezzo stampa.

In ultimo è necessario osservare come solitamente la dottrina ritenga[136] che la diffamazione per essere realizzata debba necessariamente riferirsi ad uno o più soggetti identificati o identificabili. Non è, quindi, possibile ritenere integrato il reato di diffamazione qualora l'affermazione sia diretta ad un gruppo o una etnia molto vasta. Le parole "tutti gli italiani sono ladri" non possono essere considerate diffamazione quanto l'accusa ad un soggetto specifico. Alcune sentenze della corte di Cassazione hanno ampliato il concetto che vorrebbe una identificazione puntuale della vittima. Il soggetto diffamato, infatti, non deve più essere individuato attraverso nome e cognome ma la sua identità si potrà desumere anche dal contesto purché dal punto di vista complessivo l'identificazione sia inequivocabile[137]. Allo stesso modo nella sentenza della *Cassazione N.101\2017*[138] viene deciso che configura il reato di diffamazione a mezzo di strumenti telefonici anche la pubblicazione *"tramite post sul social network Facebook"* di commenti diffamatori *"pur in assenza dell'indicazione di nomi"*. Viene inoltre detto che tali messaggi possono *"riferirsi oggettivamente ad una specifica persona, anche se tali commenti siano di fatto indirizzati verso i suoi familiari"*.

Un'altra problematica che deve essere affrontata riguarda l'inquadramento preciso della diffamazione in un reato di danno o di pericolo. Deve essere verificato, cioè, se sia **necessario** ai fini del perfezionamento del reato che la reputazione della vittima venga effettivamente lesa (e, in tal caso bisognerebbe chiedersi anche come si possa, in concreto, provare la lesione) o se, semplicemente, basti un atto **astrattamente** idoneo a causare il danno. Nel discorso relativo alla possibilità di considerare la diffamazione tramite *social* come aggravata è stata citata la sentenza della Corte di Cassazione

---

[136] Si veda per approfondire "La Diffamazione" di Vincenzo Pezzella, 2020, UTET Giuridica

[137] In tal senso si veda la sentenza della Corte di Cassazione Penale, Sezione V, Numero 51096/14 riguardante una possibile diffamazione attraverso stampa

[138] La sentenza integrale può essere consultata sul sito *web* della corte di Cassazione, sezione penale alla voce "sezione V, 19/10/2017, N.101"

n.2723/2016. Secondo tale sentenza «*La divulgazione di un messaggio di contenuto offensivo tramite social network ha indubbiamente la **capacità** di raggiungere un numero indeterminato di persone, proprio per la natura intrinseca dello strumento utilizzato, ed è dunque idonea ad integrare il reato della diffamazione aggravata*»[139]

Considerando l'uso che viene fatto della parola "capacità" è ragionevole pensare che la Corte di Cassazione non lasci molto margine di errore e propenda completamente per l'identificazione di un reato di **pericolo** punendo la capacità di ledere *in potenza* del messaggio diffamatorio e non osservando se tale lesione sia effettivamente avvenuta in concreto. Per utilizzare un termine di paragone tradizionale, si potrebbe affermare che nel caso irrealistico di un giornale contenente degli insulti la diffamazione aggravata si configurerebbe anche se tale giornale non fosse comprato da nessuno e non fosse letto da altre persone ad esclusione del giornalista.

Un altro aspetto è quello relativo all'elemento psicologico cioè se si tratti di un reato in cui rileva il **dolo specifico o il dolo generico**. Sebbene tale problematica non si porrebbe poiché nella norma non vi è alcun elemento che denoti un dolo specifico, tuttavia alcune sentenze hanno individuato in tale questione un punto meritevole di analisi[140]. Oltre che ad essere una tematica interessante dal punto di vista della dottrina, infatti, tale distinzione è necessaria nell'ambito della giurisprudenza relativa alla diffamazione attraverso il mezzo telematico poiché in base alla interpretazione che venga fatta dello stesso messaggio si potrebbe perfezionare il reato di diffamazione. Per comprendere tale questione è necessario analizzare il nucleo centrale della diffamazione cioè cosa significhi "diffamare". Per l'ordinamento italiano (art. 595 comma 1 cp) la diffamazione è una offesa alla "*altrui reputazione*". L'altrui reputazione, però, non è un concetto statico. Esso varia al variare della società acquisendo o perdendo determinati significati in relazione alla realtà di riferimento. Come visto anche in precedenza, la valutazione di alcune tematiche non può essere imposta per legge e deve sottostare al libero

---

[139] Si veda in proposito: sentenza della Cassazione penale, sez. V, 07/10/2016, n. 2723

[140] In riferimento si vedano le sentenze della Corte di Cassazione n.2489/1991, n.679/1998 e n.2723/2016

apprezzamento del giudice. In linea generale è definibile come un carattere determinante della immagine pubblica di persona che ne definisce il suo valore sociale e la sua credibilità. Tale bene così definito è rilevante poiché rappresenta il collante della credibilità sociale che si instaura tra individui. Basti pensare che la *reputazione*, soprattutto in passato, era un criterio sul quale si fondava la fiducia per la conclusone di affari cospicui. Proprio per l'importanza ricoperta dalla credibilità della reputazione la Corte ha più volte deciso che la buona fede e la volontà di non ledere dell'imputato non sia per nulla rilevante. Nella sentenza n.679/1998 della Corte di Cassazione[141] viene deciso, ad esempio, che «[...non] *(Né) può essere esclusa la responsabilità dell'imputato in base ad una asserita "buona fede" non rilevante nel reato in esame* [la diffamazione], *il cui elemento psicologico è costituito **dal dolo generico**»*[142].

Per completezza va anche indicato che alcuni testi ritengono rilevante la sentenza della Corte di Cassazione n.2489/1991[143]. In tale sentenza venivano analizzati dei manifesti elettorali di dubbio gusto in cui uno dei concorrenti alla carica di sindaco attribuiva "per scherzo" epiteti offensivi, volgari e lesivi della reputazione all'altro. In tal caso la corte di Cassazione ha determinato che non sia rilevante, analogamente al caso precedente, la motivazione soggettiva dell'autore del gesto anche se tale motivazione sia contemplata. Basta, quindi, che l'espressione sia sufficiente ad arrecare un danno all'onore.

Un'altra problematica che si verifica quasi esclusivamente *online* è la possibilità che il reo si trovi all'estero cioè fisicamente dislocato rispetto al luogo in cui il fatto si consuma. La posizione del reo è di fondamentale importanza per il diritto penale in quanto la **competenza giurisdizionale** dello Stato nazionale si esplica unicamente all'interno dei confini nazionali oppure in base alla cittadinanza di chi commette l'azione criminosa. La posizione *reale* di un utente è difficile da individuare con certezza poiché,

---

[141] Per il testo integrale si veda il sito *web* della corte di Cassazione alla voce "*Corte di Cassazione Penale, sezione V, 20/01/1998, n. 679*"

[142] Si veda in proposito: Corte di Cassazione Penale, sezione V, del 20/01/1998, n. 679

[143] Si veda in proposito la sentenza della Corte di Cassazione Penale, sezione V, 25/02/1991, n. 2489 sul sito *web* della Corte

infatti, a tale scopo si rendono tecnicamente necessari molti dati ed alcuni di essi sono caratterizzati anche ulteriore difficoltà del poter essere alterati con facilità dal reo. Per la registrazione sulla propria piattaforma, alcuni servizi come *Gmail* (la *email* fornita da Google e che, nella sua versione professionale, è anche utilizzata dall'Università Bicocca) o Facebook richiedono un numero di telefono, tuttavia non tutti gli utenti lo utilizzano e riescono ad aggirare tale passaggio (che da solo non sarebbe nemmeno sufficiente per identificare con certezza un soggetto) fornendo al sistema unicamente una *mail* completamente non correlata con l'utente reale. In modo molto facile, infatti, vengono creati ogni giorno centinaia di *profili* falsi (*fake*) utilizzati per gli scopi più disparati[144]. Tramite alcuni espedienti tecnici è possibile fare risultare l'identificativo dell'utente diverso da quello che in realtà risulta essere[145]. Tale sistema è fondamentale per la tutela della privacy e dei diritti fondamentali. Le applicazioni positive superano i possibili utilizzi negativi che, tuttavia, vanno considerati in fase di giudizio in quanto è possibile un ampio uso alternativo e non fraudolento degli stessi mezzi. Tale utilizzo non li rende quindi idonei a costituire una prova indiziaria senza ulteriori elementi che ne suggeriscano un utilizzo illecito[146]. Se si assume alla luce di quanto visto che un utente possa risultare in un luogo diverso da quello in cui si trova in realtà, allora è necessario chiedersi se tale posizione sia rilevante. La sentenza della Corte di Cassazione n. 4741/2000[147] in merito a tale questione ha deciso che l'evento delittuoso si verifica quando il messaggio viene **percepito** e, cioè, non dipende dal luogo di immissione del messaggio ma solo il luogo (cioè il territorio nazionale) di percezione dello stesso. In tal

---

[144] «[...] *il loro numero ha superato quello degli utenti veri, almeno per quanto riguarda gli account dei politici. Lo dimostrano i dati elaborati per Il Sole 24 Ore [da] DataMediaHub [...]*»; "*Da Salvini a Zingaretti, i follower fake sui social superano quelli veri*", Francesca Milano, Il Sole 24 Ore, 18 maggio 2019

[145] «*VPN: cos'è, come funziona e a cosa serve una Virtual Private Network*»; Salvatore Lombardo, cybersecurity360.it, 13 marzo 2020

[146] Per maggiore chiarezza circa l'utilizzo del termine si consulti il testo "*La prova indiziaria*", Gianturco, Giuffrè, 1958.
(Gianturco, 1958)

[147] Il testo della sentenza è disponibile sul sito *web* della Corte di Cassazione alla voce "*Cassazione Penale, sez. V, 27/12/2000, n. 4741*"

senso nella sentenza viene citato l'art.6 del Codice penale Italiano (Reati commessi nel territorio dello Stato) nella parte in cui recita "[...] *ovvero si è ivi verificato l'evento che è la conseguenza dell'azione od omissione* "al fine di evidenziare la competenza dello Stato italiano anche sui reati commessi dall'estero attraverso *internet*. Come soggetti che devono aver percepito il messaggio viene definita *"una indistinta generalità di soggetti abilitati ad accedere al sistema internet"*.

Un'altra importante problematica che deve essere affrontata è relativa alla divulgazione di fatti veri ma lesivi per la reputazione della vittima. Tale problematica non è nuova nel diritto penale tuttavia nel caso della diffamazione con mezzo *online* la questione si è accentuata poiché le piattaforme *social* forniscono un potente strumento di divulgazione immediata e non filtrata dei pensieri personali[148]. *Internet* è la tecnologia più potente relativamente alla diffusione di un messaggio da parte i privati cittadini. In seguito ad un caso relativo ad un tradimento sentimentale la Corte di Cassazione ha più volte affermato[149] che deve essere preservato il diritto di cronaca ed il diritto di critica e per questo assume grande rilevanza il fatto che non vi siano commenti denigratori a seguito della affermazione vera. L'affermazione dei fatti reali e accertati, quindi, non costituisce reato solo nel caso in cui il soggetto che compie l'affermazione potenzialmente lesiva descriva oggettivamente la scena e, al contrario, il reato si configura non appena, in presenza di testimoni, lo stesso soggetto commenti con epiteti volgari la situazione che ha criticato. In relazione a delle conversazioni avvenute in presenza *fisica* il caso è difficile da accertare ma diventa invece rilevante nel caso in cui il reo *pubblichi* insulti alla vittima tramite un *social*. Tale situazione si sviluppa spesso nel caso dei tradimenti sentimentali e la diffamazione è spesso accompagnata da insulti di carattere sessuale o

---

[148] Si pensi, ad esempio, ad un caso di tradimento in cui il *partner* per vendetta pubblichi sul *social* informazioni riservate (**vere** ma lesive per la reputazione) relative alla vita privata della vittima senza riflettere relativamente alle possibili conseguenze.

[149] Relativamente a questa tematica si vedano le sentenze della Corte di Cassazione (Sezione V Penale) n. 26745/2016; n. 54501/2016 e n. 5065/2016. Tutte le sentenze citate sono reperibili sul sito *web* della Corte di Cassazione utilizzando come riferimento il numero della sentenza e l'anno.

lavorativo ai danni della vittima. Per la particolare natura della questione, il reato di diffamazione avviene talvolta in unione con il reato di *Revenge Porn*[150].

È interessante anche osservare la disposizione dell'ordinamento relativa alla *mediazione* che viene fatta tra diffamazione, l'accertamento della verità ed il diritto di cronaca. Tali questioni sono disciplinate dall'art. **596** del Codice penale. Tale articolo impone in modo indiscutibile (comma 1) che l'accusato non possa *"provare, a sua discolpa, la verità o la notorietà del fatto attribuito alla persona offesa"*. L'articolo prosegue nel comma 2 che prescrive la possibilità, in accordo tra l'offeso e l'indagato nell'adire ad un giudice che determini nel merito della questione. La terminologia utilizzata è "[…] *prima che sia pronunciata sentenza irrevocabile,* **deferire ad un giurì d'onore** *il giudizio sulla verità del fatto medesimo* […]". Ciò dimostra ancora una volta l'enorme importanza che viene attribuita all'onore della persona offesa. L'articolo disciplina poi (comma 3) il caso in cui *"l'offesa consiste nell'attribuzione di un fatto determinato"*. In tal caso differisce chi sia la persona offesa. Se essa è una persona *comune* (l'esempio precedente dei coniugi) il giudizio non compete al tribunale penale ma se la persona offesa è *"un pubblico ufficiale ed il fatto ad esso attribuito si riferisce all'esercizio delle sue funzioni"* (ad esempio un giornalista che attribuisca fatti di corruzione ad un politico), se il fatto oggetto di offesa *"è tuttora aperto o si inizia contro di essa* [la vittima] *un procedimento penale"* o se il querelante lo richiede. Come è possibile osservare, il comma 3 numero 3 si riferisce ancora una volta ad un'azione che, verosimilmente, è posta a tutela della vittima. Essa, infatti, pur non necessitando al fine del processo di provare che l'accusa sia falsa, vuole comunque difendere la propria reputazione da possibili e future accuse riguardo allo stesso fatto. Il comma 3 genera quindi l'obbligo all'interno del procedimento di accertare se l'affermazione diffamatoria corrisponda a verità anche se si tratta di un soggetto diffamato con funzione pubblica o che vi sia un procedimento penale aperto sulla questione. Relativamente all'obbligo di accertamento nel caso in cui si tratti di un

---

[150] Ex. art 612-ter del Codice penale Italiano e introdotta nell'agosto 2019

pubblico ufficiale è evidente che la finalità perseguita dall'ordinamento sia il bene comune e la credibilità stessa delle istituzioni.

Connessi sono, invece, l'art 596 comma 3 numero 3 del codice penale e l'art 596 comma 4 del Codice penale in cui si vuole tutelare il diritto di cronaca. Nel primo caso si vuole tutelare la liberà di parola circa un procedimento ancora aperto e, quindi, la possibilità di esprimere opinioni. Nella sentenza della Corte di Cassazione n. 679/1998[151] è stato ritenuto configurabile il reato di diffamazione nel caso in cui si riporti su un comunicato stampa "[...] *la notizia di una procedura disciplinare a carico di un magistrato, collegandola, in modo non rispondente al vero, ad un atto del suo ufficio [...]"*[152] quindi si potrebbe discutere se e come una notizia possa essere *legittimamente* riportata[153].

Quasi in contrasto con il primo comma (che punisce la diffamazione a prescindere dalla realtà o meno del fatto imputato) ma in sintonia con il comma 3 numero 3 art.596, il comma 4 dello stesso articolo dispone che un soggetto non possa essere condannato per diffamazione nel caso abbia denigrato per un fatto un soggetto e che poi, successivamente, tale fatto sia stato oggetto di una condanna per la vittima. In questo caso è certo che il legislatore voglia difendere la libertà della stampa di effettuare indagini, riprese e "*scoop*[154]". Qualcuno, tuttavia, potrebbe ribaltare il rapporto di causa ed effetto imputando proprio ad un determinato giornalista particolarmente

---

[151] Per riferimento al testo completo si veda il sito *web* della Corte di Cassazione alla voce "*Cassazione Penale, sezione V, del 20/01/1998, n. 679*"

[152] Si veda in proposito: sentenza della Corte di Cassazione Penale, sezione V, del 20/01/1998, n. 679

[153] Riportare, ad esempio, le generalità di un soggetto che, al massimo, potrebbe essere stato un indagato iscritto all'interno del registro delle notizie di reato e associando quindi indebitamente l'indagato ad un reato sembra essere molto forzato sia nei termini della liberà di espressione sia nei termini della libertà di cronaca poiché, anche in caso di assoluzione, l'indagato verrebbe sempre *etichettato socialmente* come il colpevole. Per un approfondimento dal punto di vista sociologico si veda anche il libro *Oltre la paura*, di Adolfo Ceretti e Roberto Cornelli, ed. Feltrinelli

[154] "*Colpo giornalistico, cioè notizia sensazionale che un giornalista riesce ad avere e un giornale a pubblicare in esclusiva precedendo la concorrenza*"; Dalla enciclopedia Treccani (vocabolario *online*)

veemente nell'affermare la propria[155] idea la responsabilità di aver condizionato i giudici e, quindi, della condanna. Tale problematica è maggiormente visibile *online* dove è possibile che la stessa notizia venga *rilanciata*[156] anche migliaia di volte se scritta in modo molto accattivante (*virale*). Tali azioni possono creare una vera e propria *cassa di risonanza* per una notizia che potrebbe anche influenzare la magistratura in fase di giudizio.

Si pone poi la problematica relativa alla commisurazione della pena. Si sono fino ad ora affrontati i casi più comuni relativo alla diffamazione *online* tuttavia nella analisi approfondita nella normativa devono essere considerate anche questioni che possono inizialmente sembrare marginali. Si può, infatti, osservare che in alcuni casi reati meno dannosi in concreto siano puniti con più severità rispetto ad altre azioni diffamatorie più gravi. La problematica trattata riguarda la forte limitazione della diffusione di un messaggio pubblicato sui *social* da un utente ordinario. Le piattaforme *social*, infatti hanno necessità di ottenere un introito dalla loro attività ma non fanno pagare direttamente gli utenti. Ciò che viene pagato è lo spazio pubblicitario e la permanenza degli utenti di fronte agli annunci. È quindi logico che il *social* avvantaggi i contenuti che interessano maggiormente gli utenti rispetto ad altre pubblicazioni più comuni. È così che un utente che pubblichi foto della propria famiglia, dei propri animali ecc. sarà identificato come "poco interessante" ed il contenuto prodotto non verrà mai mostrato. È senza dubbio vero, come visto, che anche solo il **pericolo** della lesione perfeziona il reato di diffamazione tuttavia è necessario interrogarsi su come possa essere pensabile che una persona che, parlando al microfono durante un evento, ne insulti un'altra davanti a decine di persone venga punita con la multa fino a 1032€ (2065 € nel caso in cui la diffamazione sia riferita a un *fatto determinato*) oppure ad una reclusione di uno anno (o a due anni nel caso in cui la diffamazione sia riferita a un *fatto determinato*) mentre un altro soggetto che compia la stessa azione tramite un *social* (che rientra in

---

[155] Ad esempio un giornalista che per mesi continui a pubblicare articoli contro un politico affermandone la colpevolezza

[156] Il termine tecnico sui *social* è *ripostata*, dall'inglese *"to repost"* cioè ripubblicare

qualunque altro mezzo di pubblicità) possa essere punito con la pena detentiva da 6 mesi a 3 anni. Se il secondo soggetto ha commesso la propria azione tramite una piattaforma in cui pochissimi possono vedere il messaggio per i motivi predetti bisogna interrogarsi su quale sia il comma dell'art. 595 del Codice penale più corretto da utilizzare. In altre parole è necessario chiedersi se una comunicazione *social* ma fondamentalmente *privata* possa essere considerata come fatta con un *mezzo di pubblicità*. A questo punto sarebbero estremamente rilevanti gli accertamenti da fare sulla piattaforma che, tuttavia, non sempre sono possibili. Non sarebbe necessario accertare quanti soggetti abbiano visto in concreto il messaggio poiché ciò che rileverebbe è che il messaggio sia trasmesso tramite un mezzo che ne favorisce la pubblicità. Bisognerebbe, al contrario, accertare le impostazioni dell'utente. Attraverso *social* come Facebook è possibile definire con facilità quali siano gli utenti che possono visualizzare un messaggio (*post*). È molto comune che gli utenti preferiscano l'impostazione "solo amici" o "solo famigliari" che permettono di consentire ad un pubblico estremamente ristretto la visualizzazione, rispetto all'impostazione *pubblica*. È da notare che non è raro che nell'impostazione "solo famigliari" siano inclusi meno di dieci utenti. Alla luce di tale considerazione, se il messaggio fosse stato *pubblicato* in modo che esso sia potenzialmente pubblico e, quindi, visibile a tutti[157] allora l'atto sarebbe punibile ai sensi del comma 3 (art 595 cp) anche se, in concreto, fosse stato visto da pochissime persone. Se il messaggio fosse stato pubblicato tramite una impostazione più restrittiva allora si potrebbe pensare che sia più sensato fare ricadere la condotta nel comma 1 (e 2) dello stesso articolo. A questo punto, però, si pone la problematica di capire *quanto* debba essere ristretto il pubblico cui il messaggio è visibile. Una decina di potenziali visualizzatori come qualche centinaio non sarebbero che criteri totalmente arbitrari, non applicabili in alcun modo all'ambito penale. Si porrebbe anche la questione se sia più giusto considerare ancora il *mezzo di pubblicità*

---

[157] Ad esempio l'impostazione *visibile a tutti* del social Facebook.
In merito si veda l'articolo "*When I post something on Facebook, how do I choose who can see it?*" disponibile presso facebook.com/help

oppure se sia più sensato parlare di *messaggio con pubblicità* spostando di fatto l'attenzione dall'intero mezzo (il *social*), che come visto può avere impostazioni diverse al suo interno al singolo messaggio che di vola in volta può avere un pubblico potenziale più o meno esteso. La Corte di Cassazione è arrivata a porsi la stessa questione anche se con termini diversi. Nella sentenza n. 24431/ 2015 la corte si è pronunciata in merito ad una possibile diffamazione tramite il *social* Facebook e ha affermato che il comma 3 dell'articoli 595 del Codice penale si basa sulla necessaria pubblicità e che tale pubblicità può essere anche solo potenziale. I soggetti destinatari, infatti, possono essere anche *"non* individuat[i] *nello specifico ed apprezzabili soltanto in via potenziale, con ciò cagionando un maggiore e più diffuso danno alla persona offesa"*. Si evidenzia anche come il mezzo principe sia la stampa e quindi certamente un mezzo ad ampia diffusione. La Corte giunge alla conclusione che il *profilo* Facebook è considerabile come mezzo di pubblicità perché *"racchiud*[e] *un numero apprezzabile di persone (senza le quali la bacheca Facebook non avrebbe senso)"* e dispone, quindi, la competenza del tribunale monocratico e non del giudice di pace.Tale scelta, tuttavia, sembra estremamente azzardata. Secondo il quotidiano La Repubblica[158] su Facebook vi sono almeno 67 milioni di *account fantasma* ossia *account* personali (*profili*) di utenti che sono registrati ma per qualche motivo non interagiscono con la piattaforma o perché di soggetti deceduti o perché di soggetti che li usano poco per mancanza di capacità, di voglia o di tempo. I dati sono del 2014 quindi è pensabile che il fenomeno sia in aumento ma se anche solo un terzo (22 milioni circa) di utenti non avesse consentito se non a pochissime persone di vedere le proprie pubblicazioni, il problema non sarebbe comunque di poco conto. Al numero di utenti si sommano tutti coloro che sono attivi sulla piattaforma ma che non vogliono o non riescono a rendere il contenuto pubblico (non conteggiati). Poiché la visibilità di una pubblicazione dipende da una impostazione del sistema e della programmazione della piattaforma stessa e che molti soggetti non sono in grado (o non pensano) di

---

[158] Si veda l'articolo: "Facebook, almeno 67 milioni di account fantasma" di Valerio Porcu del 15 febbraio 2014, Repubblica

gestire efficacemente tali impostazioni è pensabile che la questione sia quantomeno potenzialmente diffusa. Stando a quanto detto, se ciò si verificasse più volte l'ordinamento si troverebbe di fronte ad una norma fondamentalmente iniqua poiché punirebbe una condotta nel concreto meno grave con una pena più grave.

Quanto osservato porta ad auspicare che venga svolta una riforma in tal senso. L'*hate speech online*, infatti, rimane una grave problematica da contrastare con rigore. Proprio per questo la difficoltà appena descritta relativa alla commisurazione della pena rischia di indebolire la percezione di gravità del reato. Un intervento legislativo, quindi, dovrebbe essere svolto alla luce dei nuovi mezzi di diffusione di contenuti e differenziare all'interno dell'art. 595 del codice penale il comma della norma dedicato alla stampa da quello dedicato ai *social* ed al mezzo *online*, che sarebbe da aggiungere al fine di fugare possibili perplessità in merito. La definizione della gravità della sanzione da infliggere resta competenza del legislatore e del giudice relativamente alla commisurazione della pena in concreto.

Alcuni insulti rivolti al Presidente della Repubblica Sergio Mattarella attraverso il social Facebook

Si rende necessaria anche una analisi relativa alla differenza che intercorre tra diffamazione ed *hate speech*. Il reato di diffamazione, infatti, rende punibile sia la forma "generica" non riferita ad un fatto determinato (ad esempio: "*tizio è un evasore*") che può arrivare solo ad una pena pecuniaria di 1032 € o a un anno di reclusione sia una diffamazione relativa ad un *fatto identificato o identificabile* la cui sanzione arriva a 2065 € o a due anni di reclusione. Entrambe sono di competenza del giudice di pace[159]. Sebbene la norma possa

---

[159] La competenza del giudice di pace valida è sia per il comma 1 che per il comma 2 dell'art. 595 del Codice penale.
l'importo è stato deciso dalla legge 689/1981 relativa alla depenalizzazione.

La competenza relativa a tali materie è stata decisa dal D.leg. 274 del 28 agosto 2000 e include molti dei reati considerati di *minore gravità*. Il giudice non può comminare pene detentive ma unicamente pecuniarie o, nel caso non ci si voglia limitare all'ambito economico, di permanenza domiciliare o lavori di pubblica utilità

sembrare completa non include le forme di odio non esplicitato né attraverso diffamazione né attraverso odio discriminatorio. Vi sono, cioè, delle gravi espressioni d'odio che rimangono impunite perché non rientrano in nessuno dei reati esistenti. Tali casi, infatti, non sono nemmeno configurabili come odio razziale o come minaccia ma si possono definire come *"odio gratuito"*. Questa problematica era marginale fino alla comparsa dei *social*. All'interno di queste realtà sono nati dei soggetti a cui è stato dato il nome di *"hater"* (odiatori) che utilizzano una identità spesso fittizia per attaccare altri individui. Un *hater* tipico può decidere di concentrarsi su una singola persona (spesso famosa) oppure su una serie di soggetti individuati in base ad una caratteristica comune (sesso, etnia, religione ecc. ma anche colore degli occhi o dimensione delle mani). Da una analisi più approfondita dell'ordinamento giuridico italiano emerge come non vi siano nemmeno indizi di proposte di legge volte a limitare tale problematica.

È compito del legislatore comprendere se tali casi siano degni o meno di tutela ed in che forme. Il reato di ingiuria è stato depenalizzato proprio perché punire un soggetto per degli "insulti minori" sembrava esagerato tuttavia attraverso *internet* l'odio può spostarsi da una persona a molte persone usando il *social* come "cassa di risonanza" diventando fonte per la vittima di *stress* emotivo evidente. In tal caso non è nemmeno possibile parlare di atti persecutori poiché molti soggetti che non condividono nessuno scopo comune pubblicano a volte anche un solo insulto di lieve intensità per poi sparire. È poi la somma di tutti gli insulti che crea una problematica complessiva per la vittima. Si può certamente sostenere, quindi, che in questi casi il miglior modo di intervenire sia attraverso una ricerca attiva di collaborazione delle piattaforme maggiori. Tale tipo di intervento sembra essere l'unico possibile per garantire il benessere nelle zone di maggiormente frequentate dai comuni cittadini. Tale intervento non potrebbe certamente eliminare del tutto l'*hate speech* tuttavia lo ridurrebbe almeno nei *social* più comuni lasciando, invece, maggiore libertà ai siti web minori proprio per garantire la massima libertà di espressione. Tale maggiore libertà è necessaria certamente non perché si vogliano incentivare i discorsi di odio *online* ma, al contrario, poiché un sistema di eliminazione contenuti automatizzato e celere non può essere al contempo perfetto e spesso (più spesso di quanto non agisca efficacemente[160]) genera *falsi positivi* che portano ad eliminare dei contenuti assolutamente distanti da qualunque manifestazione di *hate speech*.

L'Italia si inserisce nel panorama legislativo Europeo. Gli stati parte dell'Unione Europea, come noto, hanno deciso di dotarsi di leggi autonome dal punto di vista penale. Ciò significa che i reati puniti e le pene previste molto difficilmente saranno le stesse. È necessario analizzare come alcuni dei paesi Europei hanno deciso di affrontare le stesse problematiche relative alla diffamazione. Tale analisi deve essere svolta per due principali motivi. Il primo riguarda l'armonizzazione delle leggi a livello europeo e il secondo riguarda la necessità di colmare i vuoti legislativi di cui ancora pecca il diritto penale italiano. Il diritto penale applicato all'informatica avrà soprattutto nei prossimi anni esponenziale crescita nell'ambito della transnazionalità (alcune delle problematiche sono state già esposte ed affrontate nella parte dedicata al diritto internazionale come, ad esempio, la posizione fisica dei *server*). Ciò comporterà la necessità di conoscere e perseguire un reato senza la limitazione del confine nazionale. Il cambio di giurisdizione, infatti, è una delle più elementari tecniche di difesa adottate da chi attua massicce campagne di diffamazione nei confronti di soggetti celebri. L'accesso ad una *versione semplificata* delle stesse tecniche, però, è estremamente semplice e disponibile per i comuni cittadini. Questo comporta che sempre più spesso sarà necessario attivare procedure di rogatoria internazionale per ottenere i dati necessari per il perseguimento di un crimine. Rendere quindi perseguibili nella stessa forma i reati all'interno dell'unione europea potrebbe essere un primo passo verso la risoluzione del fenomeno dell'hate *speech*. A questa prima motivazione si aggiunge anche che, come precedentemente osservato, il reato di diffamazione lascia dei *vuoti legislativi* che, invece, altre giurisdizioni hanno già cercato di colmare. Proprio per questo sono stati

---

[160] Per approfondire si veda la documentazione del *"4th ACM workshop on Security and artificial intelligence"* e in particolare l'intervento di Morel Benoit: *"Artificial intelligence and the future of cybersecurity"*,2011

scelti per l'analisi due paesi (Germania e Francia) con un sistema giuridico molto simile a quello italiano e idonei a fornire interessanti spunti per un futuro intervento legislativo. Il primo paese oggetto di analisi è la Germania che trova un equivalente del reato di Diffamazione nella *Verleumdung*. Da osservare è anche che un termine altrettanto utilizzato nel *parlato comune* tedesco è la parola *Diffamierung* che, però, non deve essere confusa poiché è un termine che viene utilizzato in riferimento alla violazione dell'onore o anche ad un tipo di bullismo basato sulla menzogna. Esso comporta la diffusione di voci o menzogne al fine di danneggiare la reputazione di qualcuno. È necessario non confondere i due termini poiché il primo (*Verleumdung*) è prettamente giuridico mentre il secondo (*Diffamierung*) è più colloquiale o informale e in alcune ipotesi potrebbe non corrispondere al caso giuridico soprattutto nell'ambito comparatistico. La *Verleumdung* è disciplinata nel Codice penale Tedesco all'art **187**. In tale norma viene prescritto che[161] *chiunque,* **nonostante sappia diversamente,** *affermi un fatto falso riguardante una persona al fine di influenzare negativamente l'opinione altrui o mettere in pericolo qualcuno è punito con la detenzione fino a due anni o con la multa.* In questo caso è interessante notare la parte della norma in cui si evidenzia il "nonostante sappia diversamente"[162] cioè viene introdotto un elemento soggettivo che porta a pensare che sia concesso che un soggetto dica qualcosa di potenzialmente diffamante ma pensando che sia vero come nel caso di un soggetto che accusi un altro di corruzione pensando sia vero. Nel comma successivo dello stesso articolo è possibile osservare come vengano disposte anche nel codice penale tedesco delle pene maggiormente severe nel caso in cui si tratti di diffamazione a mezzo stampa. Da questo punto di vista sarebbe interessante anche approfondire la ricerca in tal senso per poter definire quali siano i punti in comune e le differenze anche al fine di poter armonizzare il diritto in ottica europea. In questa sede è interessante notare che nel codice penale italiano in relazione alla diffamazione

---

[161] il testo in corsivo è tratto dalla norma stessa tuttavia non si tratta di una traduzione letterale quanto, piuttosto, di un inserimento del concetto o dei concetti focali all'interno del discorso

[162] In inglese tradotto con *despite knowing better*. In tedesco "***Wer wider besseres Wissen in Beziehung*** *auf einen anderen eine unwahre Tatsache behauptet oder verbreitet*": chiunque sostiene o diffonde un fatto falso **contro una migliore conoscenza in relazione allo stesso**.

non sia altrettanto esplicito limitandosi a dire *"chiunque [...] offende la altrui reputazione"* e portando il tutto su un piano maggiormente oggettivo rispetto al codice penale tedesco.

Interessante è anche l'articolo successivo cioè l'art. 188 del Codice penale Tedesco[163]. In tale articolo viene specificata una pena maggiore nel caso in cui il *pettegolezzo malevolo o la diffamazione* sia rivolta nei confronti di un politico. Probabilmente in questo caso l'interesse è la credibilità della sfera pubblica. È interessante notare come in questo articolo vengano divise la diffamazione (comma 2) dal *pettegolezzo maligno* (al comma 1). La pena minima è leggermente maggiore nel caso di diffamazione nei confronti di un politico rispetto ad un pettegolezzo[164]

Un altro paese europeo degno di nota è la Francia. Il nostro codice penale è stato approvato nella sua forma originale nel 1930. Tale periodo storico può sembrare lontano dall'attuale (L'approvazione è avvenuta per mano del Re Vittorio Emanuele III) ma bisogna osservare come la legge riguardante la diffamazione nell'ordinamento francese risalga addirittura al 29 luglio del 1881 all'interno di una legge riguardante la liberà di stampa[165]. Tale legge è stata, nel suo complesso, rivista e modificata con l'art 4 della ordinanza del 6 maggio 1944. La Francia adotta un sistema simile al nostro distinguendo diffamazione e ingiuria. Nel secondo comma dice espressamente che una forma diffamazione che non comprenda nessun fatto specifico si configura sotto la forma di ingiuria (e non diffamazione)[166]. Da osservare è che la legge sia molto precisa e puntuale. Tende a comprendere quasi tutti i casi di diffamazione o accusa *"che nuoce all'onore o*

---

[163] If an offence of malicious gossip is committed publicly, in a meeting or by disseminating material against a person involved in the political life of the nation due to the position that person holds in public life and if the offence is suitable for making that person's public activities substantially more difficult, the penalty is imprisonment for a term of between three months and five years. Defamation under the same conditions incurs a penalty of imprisonment for a term of between six months and five years

[164] Da tre mesi a cinque anni di reclusione per il *pettegolezzo malevolo* o *malicious gossip*, da sei mesi a cinque anni di reclusione per la diffamazione.

[165] Si veda in proposito: *Loi du 29 Juillet 1881 sur la Liberté De La Presse*, disponibile in lingua originale sul sito web legifrance.gouv.fr

[166] Testo originale del secondo comma, art. 29, *Loi du 29 Juillet 1881 sur la Liberté De La Presse*: « *Toute expression outrageante, termes de mépris ou invective qui ne renferme l'imputation d'aucun fait est une injure* »

alla considerazione della persona a cui tale fatto è imputato"[167]. Nella parte successiva viene punita la pubblicazione diretta o attraverso riproduzione[168]. Molto importante la parte che esprime la punibilità anche nel caso in cui il soggetto non sia espressamente nominato[169]. Questo di fatto rafforza ancora di più la norma rendendola applicabile in cui il fatto sia comunque determinabile. Anche in questo caso è ravvisabile una somiglianza con l'ordinamento italiano che prevede che la vittima sia *identificata o identificabile*.

Alla luce delle somiglianze e delle differenze tra due dei paesi dell'Unione, è necessario chiedersi se, in un mercato e in una società sempre più Europea, una norma basilare dell'ordinamento penale relativa all'onore stesso della persona non dovrebbe quantomeno portare a conclusioni simili. Un giornalista che scriva in un giornale in inglese letto in tutta Europa e con sede in ogni paese, ad esempio, potrebbe accusato di diffamazione in Italia e in Francia mentre in Germania il suo atto sarebbe del tutto legale sollevando delle problematiche sia di carattere pratico sia di carattere filosofico giuridico. Dal punto di vista pratico applicato all'informatica il problema sarebbe fortemente riscontrabile. Necessario è chiedersi, ad esempio, se sia possibile avere un giornalismo europeo se anche le fonti di informazione sono soggette a norme diverse. A risentire di tale problematica sono soprattutto i nuovi sistemi di informazione poiché sono sempre più dislocati. Non è difficile penare che l'evoluzione della informazione digitale possa portare ad un giornale senza una reale sede - ad esclusione di quella legale – e distribuito digitalmente in tutta l'Unione Europea, a cui i soggetti possono contribuire in lavoro remoto direttamente senza muoversi dal Paese di appartenenza. Per alcuni

---

[167] Traduzione inserita nel contesto e, per questo, non letterale

Testo originale del contesto citato : « [...] *atteinte à l'honneur ou à la considération de la personne ou du corps auquel le fait est imputé est une diffamation* [...] » art 29, *Loi du 29 Juillet 1881 sur la Liberté De La Presse*

[168] Si tratta di una formula molto ampia e certamente include molti dei casi visti in precedenza riguardanti l'informatica. (*La publication directe ou par voie de reproduction*)

[169] Testo originale : « *[...] est punissable, même si elle est faite sous forme dubitative ou si elle vise une personne ou un corps non expressément nommés, mais dont l'identification est rendue possible par les termes des discours, cris, menaces, écrits ou imprimés, placards ou affiches incriminés*»

giornali di settori è già così: si pensi ad esempio a numerosi giornali online di tecnologia che invitano i loro giornalisti a contribuire da remoto).

II. Le altre leggi relative all'hate speech in relazione alle singole categorie protette

Oltre alla tematica generale riguardate la diffamazione, il legislatore ha scelto anche di tutelare maggiormente alcune categorie particolari di persone. Tale tutela si manifesta a volte in leggi specifiche come quella relativa al reato di apologia del fascismo[170]. Altre volte, invece, è possibile riscontrare come la tutela che limiti l'*hate speech* sia la stessa che viene utilizzata anche per punire gli *hate crime* che, come visto, a differenza dei discorsi di odio includono anche attacchi alla integrità e alla sicurezza fisica di una persona.

Durante una delle interviste svolte per redigere questa tesi alle ragazze (Erika Mattina e Martina Tammaro) che hanno fondato la *pagina* di Instagram chiamata *Le Perle Degli Omofobi*[171] è emerso come sempre più persone si stiano rivolgendo alle autorità per ottenere tutela da fatti che, se ripetuti, possono essere molto dannosi per la vita delle persone. Infatti tali fatti, come si è visto, sono protetti unicamente dalle norme *generaliste* sull'argomento sebbene gli insulti siano incentrati unicamente sull'orientamento sessuale e, escludendo il reato di atti persecutori che però prevede alcuni fatti commessi ripetutamente da una **singola** persona e non da un gruppo indistinto, molto spesso il soddisfacimento della tutela giunge unicamente in sede civile (ingiuria) e molto più raramente in sede penale (diffamazione). Sebbene siano in discussione alcune norme per la tutela dei soggetti in relazione al loro orientamento sessuale, la legge fino ad ora si è concentrata sulla repressione dell'odio razziale. Maggiormente sviluppate dal punto di vista della completezza e della complessità sono, infatti, le leggi per il contrasto al fascismo.

La prima legge da menzionare è la numero 654 del 13 ottobre 1975 che ratifica la *convenzione internazionale sull'eliminazione di tutte le forme di discriminazione*

---

[170] In particolar modo la legge mancino e le leggi connesse

[171] I particolari sono presenti nel primo capitolo

razziale e che è stata *aperta alla firma a New York il 7 marzo 1966*[172]. Nella l.654/1975 si prevede che (art.3 comma 1, lettera a) sia punibile con la reclusione fino ad un anno *chi propaganda idee fondate sulla superiorità o sull'odio razziale o etnico*, oppure chi *istiga a commettere o commette atti di discriminazione per motivi razziali, etnici, nazionali o religiosi*. Sempre all'art.3 ma nel comma 1, lettera b si replica la prima disposizione indicando pene più severe (reclusione fino a 6 anni) per l'istigazione ad **atti** di **violenza** o discriminazione. È interessante notare come venga utilizzata una doppia formulazione e venga distinta la *propaganda delle **idee*** dalla *istigazione alla **violenza***. Nella lettera a vengono incluse sia la propaganda che la istigazione alla discriminazione mentre nella lettera b si parla di commissione di atti in prima persona e di istigazione di altri a commettere atti. Certo è che, a differenza della lettera a, nella lettera b ci si riferisce esplicitamente ad uno o più fatti determinati mentre nella lettera a possano rientrare tutte le espressioni generiche e ideologiche a sfondo discriminatorio. Da chiarire è anche la differenza che intercorre tra la propaganda e la istigazione.

Si può definire la propaganda **come** una azione che tende a influire sull'opinione pubblica e i mezzi con cui viene svolta. Si tratta, quindi, di un tentativo volontario e sistematico di modificare e indirizzare il pensiero e, conseguentemente, dirigere il comportamento di un individuo al fine di ottenere una risposta che favorisca lo scopo del soggetto che la mette in atto[173]. L'azione, quindi, deve essere univocamente volta a ottenere il favore degli ascoltatori nei confronti di una idea propagandata. Ciò comporta che il soggetto non solo voglia esprimere la propria opinione ma debba anche voler cercare di convincere altri di essa. Dovrà poi essere valutato in concreto se gli atti siano stati commessi per motivi "*razziali, etnici, nazionali o religiosi*"[174]. Come **istigazione** (l'istigazione a delinquere *generica* è prevista dall'art. 414 del codice penale italiano),

---

[172] Le parti in corsivo ma senza virgolettato qui ed in altri punti del testo si riferiscono ad una parte della norma o al nome attribuitele ma inserite nel contesto della trattazione. Il significato della frase a livello generale in questo caso rimane lo stesso.

[173] In proposito si veda anche Pulitanò D., Diritto penale, Giappichelli, VI edizione, 2015

[174] Si veda in proposito: L. 13 ottobre 1975, n. 654, art.3, comma 1, lettera a

invece, si intende una azione pubblica posta in atto per influenzare la psiche altrui al fine di fare nascere o alimentare i motivi di impulso verso una certa decisione[175]. In tal senso deve anche essere notato come l'art. 414 del Codice penale preveda nel comma 4 in riferimento ad un aumento di pena nel caso in cui per l'istigazione vengano usati strumenti informatici o telematici. Quindi la **differenza** che può essere ravvisata tra **propaganda** ed **istigazione** in questo ambito è che la propaganda vuole portare a diffondere un **messaggio** mentre l'istigazione vuole favorire una **azione**. Non è stato ovviamente previsto dal legislatore, vista la particolarità del fenomeno, il caso in cui l'istigazione sia riferita a tratti peculiari come il colore dei capelli o il peso corporeo piuttosto che ad una discriminazione per i motivi sopra visti (razziali ecc.)...

Non è raro sui *social,* infatti, vedere alcuni utenti che tentano di spingerne altri ad insultare o emarginare delle particolari vittime senza un particolare motivo. In tal caso il reato sembra di dubbia configurabilità poiché non ci si riferisce ad una categoria protetta specifica, anche se tali azioni se ripetute nel tempo possono diventare estremamente lesive per la vittima. Inoltre bisogna chiedersi, nel caso in cui il reo utilizzi insulti appartenenti a tematiche non specificate dalla legge 654/1975 (come sesso, colore dei capelli, peso corporeo...), se l'azione relativa alla istigazione all'odio possa essere riconducibile al comma 1 o 2 dell'art.414 c.p. in riferimento a tali tematiche, infatti, si potrebbe addirittura sostenere che l'azione di *insultare* sia come un momento definito nel tempo in cui il soggetto materialmente decide di portare a termine un determinato compito attraverso la digitazione, produzione e la pubblicazione del contenuto mettendo già di per sé in atto una situazione lesiva (e quindi non solo incitando). Inoltre l'art. 3 lettera a della legge 654/1975 presuppone una sanzione sia per la propaganda che per l'istigazione ad atti diffamatori tuttavia sarebbe anche ragionevole pensare che i reati a sfondo discriminatorio (religioso) commessi *online* e diretti verso una persona in particolare rientrino più correttamente nell'art.3 lettera b della legge 654/1975 proprio

---

[175] In tal senso si veda anche "Manuale di diritto penale. Parte generale" di M. Pelissero, C. F. Grosso, D. Petrini, Giuffrè, 2020

perché si tratta di veri e propri atti di "violenza razzista" rispetto alla semplice propaganda di idee discriminatorie. Tali osservazioni lasciano pensare che atti di discriminazione mirata contro una persona possano essere perseguibili ai sensi dell'art.3 comma 1 lettera b che aggrava la situazione rispetto alla lettera a della predetta legge.

Il testo della legge 654/1975 prosegue poi con la traduzione della Convenzione di New York di marzo 1966, tuttavia non si rilevano particolari norme rilevanti ambito penale. Il recepimento attraverso la traduzione integrale, infatti, racchiude nell'ultima parte una dichiarazione di intenti dettagliata in cui gli stati si impegnano a riferire gli sviluppi e a coordinarsi al fine di contrastare ogni forma di discriminazione razziale e religiosa. Ciò che esula dal tema specifico di questa tesi, ma che sarebbe interessante approfondire, è l'attuale stato delle cose. La legge, infatti, è stata recepita nel 1975 e la Convenzione è stata aperta alla firma nel 1966. Si presume che, prima di firmare la Convenzione, gli Stati abbiano svolto una analisi interna per capire quale fosse la situazione in tema di discriminazione razziale. A distanza di 54 anni la situazione culturale percepita è certamente cambiata (la società viene comunemente considerata più inclusiva), tuttavia questo non necessariamente comporta che si verifichino realmente meno reati discriminatori anche in considerazione dell'esponenziale sviluppo delle tecnologie di comunicazione di massa. Tale analisi potrebbe fare emergere, quindi, come in alcuni Stati siano diminuiti i reati d'odio e come in altri siano aumentati. Rapportando tali dati alle misure prese dai vari governi (non solo in ambito di repressione ma soprattutto in tema di rieducazione, educazione, inclusione ecc.) in questi anni si potrebbero identificare e ripetere (copiare) le tecniche maggiormente funzionali aumentando così l'efficacia delle norme e la tutela dei cittadini.

Un altro aspetto da considerare della legge n. 654 del 13 ottobre 1975 È che l'art.3 si riferisce a "*chi propaganda idee [...]*"[176] (art.3 lettera a). Come si può vedere, non è assolutamente prevista tra gli elementi fondamentali della fattispecie alcuna limitazione in base al **mezzo** con la quale la propaganda avviene. Al contrario, nell'articolo 3 comma

---

[176] Si veda in proposito: art. 3 comma 1 lettera a della legge del 13 ottobre 1975, n. 654

1, lettera b della legge si prevede che viene punito *"chi, **in qualsiasi modo**, istiga a commettere o commette violenza o atti di provocazione alla violenza per motivi razziali, etnici, nazionali o religiosi"*[177]. Da evidenziare sono le parole *in qualsiasi modo* che dimostrano la chiara intenzione del legislatore di non punire solo la violenza *fisica* ma anche ogni altra forma di violenza. Come si è chiarito nel primo capitolo, l'azione delle *parole* è da considerarsi idonea a ferire le vittime quindi è anche senza dubbio vero che anche il fenomeno di *hate speech online* può considerarsi come forma di violenza a tutti gli effetti poiché agisce nella psicologa della vittima e ne modifica in negativo il modo di vivere. Anche il terzo comma dell'articolo 3 è applicabile all'ambito della Rete. Infatti vieta *"qualsiasi organizzazione, associazione, movimenti o gruppo"*[178] che abbia tra i propri scopi l'incitamento alla discriminazione o alla violenza razziale. In più viene anche punita la partecipazione agli stessi. È identificabile come elemento fondante della fattispecie unicamente la organizzazione, con qualunque mezzo essa avvenga. È anche da notare che la specificità del discorso di odio **fascista** non sembra rientrare nella fattispecie delittuosa. Non è ravvisabile, infatti, un riferimento **specifico** alle **azioni** fasciste quanto piuttosto una più generale azione di contrasto **all'odio** razziale. Questa formulazione certamente è da preferirsi al riferimento specifico ad una determinata corrente politica come può essere, appunto, il fascismo perché rende applicabile la norma anche in scenari futuri, culturalmente e tecnicamente molto distanti dall'epoca fascista. La Legge, infatti, non può prescindere dal considerare le applicazioni della norma che potrebbero rendersi necessarie anche in un tempo molto distante dalla approvazione.

Nel 2016 viene approvata la legge numero 115/2016. Tale legge è anche chiamata *legge contro il negazionismo* ed è composta da un unico articolo. Si inserisce nelle disposizioni dell'art. 654 del 1975. Viene così inserito l'art 3 bis che recita: *"Si applica la pena della reclusione da due a sei anni se la propaganda ovvero l'istigazione e l'incitamento,*

---

[177] Si veda in proposito: art. 3 comma 1 lettera b della legge del 13 ottobre 1975, n. 654

[178] Si veda in proposito: art. 3 comma 3 lettera a della legge del 13 ottobre 1975, n. 654 (il comma 2 è stato abrogato nel 1993)

commessi in modo che derivi concreto pericolo di diffusione, si fondano in tutto o in parte sulla negazione dello[179] [della] *Shoah o dei crimini di genocidio, dei crimini contro l'umanità e dei crimini di guerra, come definiti dagli articoli 6,7 e 8 dello statuto della Corte penale internazionale, ratificato ai sensi della legge 12 luglio 1999, n. 232"*. Tale articolo, quindi, prevede una pena fino a 6 anni nel caso in cui la propaganda, *"l'istigazione e l'incitamento"* vengono *"commessi **in modo che ne derivi pericolo di diffusione**"* e sono fondati sulla *"negazione della Shoah o dei crimini di genocidio, dei crimini contro l'umanità e dei crimini di guerra"*. La legge si incentra sul negazionismo. Negare l'esistenza dello sterminio commesso per motivi razziali è dal 2016 reato tuttavia, in nome probabilmente della massima libertà di espressione possibile, rimangono escluse le azioni di revisionismo storico. Ad esempio, voler ridimensionare le vittime dello sterminio o della seconda guerra mondiale o elencare le eventuali azioni politiche e sociali positive intraprese durante la dittatura non è reato fino a che ciò non sia associato ad una esaltazione dell'epoca passata volta a farne propaganda. Estremamente encomiabile, oltre che la tolleranza politica della legge, è anche il fatto che venga specificato che il messaggio non solo deve esistere ma vi deve anche essere *"concreto pericolo di diffusione"*. Tornando su un esempio già fatto in precedenza, si consideri un soggetto che ha pubblicato tramite *social* un contenuto in cui nega l'esistenza dei campi di sterminio (Shoah) o delle foibe (crimine di guerra) ma che lascia il proprio contenuto completamente inaccessibile a chiunque altro[180]. In tal caso la pubblicazione equivarrebbe ad una *annotazione personale* e non sarebbe perseguibile. Bisogna anche osservare che la legge 115 del 16 giugno 2016attua la decisione quadro 2008/913/GAI e attribuisce *"rilevanza penale alle affermazioni negazioniste della Shoah, dei fatti di genocidio, dei crimini contro l'umanità e dei crimini di guerra, come definiti rispettivamente dagli artt. 6, 7 e 8 dello Statuto di Roma, istitutivo della Corte*

---

[179] L'errore viene riportato perché presente in Gazzetta Ufficiale. In riferimento si veda (GU Serie Generale, n.149 del 28/06/2016)

[180] In tal senso si veda anche il sito *web* Facebook.com/help alla voce *"How do I change the audience of a post I've shared on my Facebook timeline?"*.

penale internazionale"[181] . Nella legge viene disposta l'aggiunta del comma 4 della legge del 1975 n. 654. Nell'articolo si punisce l'istigazione e l'incitamento **commessi in modo che derivi concreto pericolo di diffusione**[182]. In questo caso, quindi, è evidente il riferimento ai *media* in generale a alle piattaforme *social* in particolare. Si deve evidenziare che la norma non parla genericamente di diffusione ma specifica che, per configurarsi il reato, è sufficiente il *concreto* ***pericolo***[183] ed include, quindi, tutti i casi in cui la pubblicazione avvenga tramite *social* o sito *web* e non sia concretamente visualizzata da nessun utente.

La pubblicazione (post) sul social Facebook con cui il premier Giuseppe Conte ha bocciato l'ipotesi di abrogazione della legge Mancino avanzata da alcuni parlamentari.

Un'altra legge cardine per il contrasto all'odio e alle discriminazioni razziali, religiose ed etniche nell'ordinamento italiano è la cosiddetta *legge Mancino* che è stata approvata il 25 giugno 1993. La legge 205/1993 è relativa alla *"condanna* [di] *gesti, azioni e slogan legati all'ideologia nazifascista"*[184]. È certamente la legge più conosciuta dall'opinione comune sulla tematica e, per questo, risulta essere anche la più contestata. Più volte si è discusso della sua abrogazione. Vi sono, invece, partiti da sempre favorevoli alla abrogazione poiché la legge limiterebbe la libertà di parola[185]. Un caso attuale è quello del *governo Conte I* in

---

[181] In relazione si veda anche il sito web della Camera dei Deputati (camera.it), "*Giustizia: L'aggravante di negazionismo nella legge n. 115 del 2016*"

[182] In riferimento si veda la legge 115 del 2016, articolo 1

[183] In proposito ci si riferisca alla legge 115/2016, articolo 1

[184] Tale parte della frase risulta essere in corsivo poiché tratta direttamente dal nome assegnato alla legge

[185] In tal senso si veda a titolo puramente esemplificativo il *post* pubblicato sul sito web giorgiameloni.it in data 4 agosto 2018 in favore della proposta (del ministro Fontana) di abrogazione della legge mancino.

cui l'abrogazione è stata nuovamente vagliata da alcuni parlamentari. Tale proposta è poi stata fermata dal premier Giuseppe Conte (in data 3 agosto 2018) poiché la abrogazione "non era stata oggetto di nessuna discussione nel governo". Nella stessa occasione ha anche ribadito quanto sia fondamentale tale legge.. L'articolo 1 della legge Mancino ricalca esattamente la numero 654 del 13 ottobre 1975. Anche nelle forme si rivela essere molto simile alla l. 654/1975 e punisce sia la propaganda sia la commissione o la istigazione a commettere atti di violenza. Al comma 2 della legge 205/1993 viene aggiunto che "*è vietata ogni organizzazione, associazione, movimento o gruppo avente tra i propri scopi l'incitamento alla discriminazione o alla violenza per motivi razziali, etnici, nazionali o religiosi*". In tal senso un risvolto non prevedibile da parte del legislatore del 1993 è certamente l'utilizzo del comma 2 della legge 205/1993 in ambito informatico. Come visto in precedenza, infatti, su internet tendono a nascere dei gruppi chiusi di persone con la stessa ideologia. Quando tale ideologia consiste in odio religioso e discriminazione razziale tali gruppi virtuali possono rivelarsi estremamente pericolosi non tanto per le idee espresse ma perché, essendo chiusi e difficilmente rintracciabili, rappresentano luoghi in cui l'odio può rafforzarsi e venire estremizzato a tal punto da risolversi in violenza fisica o psicologica contro una o più vittime determinate anche a fronte del relativo anonimato fornito dalla piattaforma. La presenza di foto reali e di un nome utente, infatti, non è garanzia di aver individuato il reo poiché tali dati potrebbero essere state rubate ad utenti ignari.

L'art 1 comma 2 della stessa legge, inoltre, stabilisce chiaramente che deve essere punito "[...] *Chi partecipa a tali organizzazioni, associazioni, movimenti o gruppi, o presta assistenza alla loro attività, è punito, per il solo fatto della partecipazione o dell'assistenza* [...]". Da tale norma si può sostenere che debbano essere puniti gli **organizzatori** del gruppo; tuttavia bisogna verificare nel caso concreto se anche i partecipanti possano essere punti. Vista la norma sembrerebbe che tale questione abbia risposta positiva, tuttavia bisogna anche considerare che l'ambiente *social* risulta essere diverso dall'ambiente reale e, come tale, comporta delle caratteristiche peculiari. Una di esse è essere entrati nel *gruppo* per errore oppure poiché, a causa di impostazioni superficiali dal punto di vista della *privacy* che ogni utente può integrare, si sia stati aggiunti da altri. Molti *social* come Facebook, infatti, per favorire l'interazione tra gli utenti rendono possibile ad ogni *amico* (cioè ogni utente connesso con un altro) di aggiungere i propri contatti ai gruppi virtuali. Tali impostazioni, quindi, rendono molto facile essere aggiunti ad un gruppo senza consenso[186]. A tal proposito, come rilevato in tutti i problemi presentati in precedenza, anche per questo l'unica soluzione attuale è quella di rimettersi al libero convincimento del giudice. Un'altra problematica che si pone schiude un *vaso di Pandora*: non è indifferente nemmeno l'assistenza fornita dalle piattaforme. In altre parole bisogna definire se sia responsabile la piattaforma per la formazione di tali gruppi. Come verrà analizzato nel dettaglio trattando delle piattaforme, è impossibile svolgere una analisi completa e precisa sulla mole di materiale caricato, tuttavia, è intuitivo pensare che la piattaforma sia considerabile come *contenitore* delle idee degli utenti. Se esse saranno legittime o meno non dipenderà dalla piattaforma ma dal singolo utente che ha generato il contenuto. Sebbene tale affermazione sembri attualmente la più fondata anche considerando i limiti tecnici che si avrebbero se si considerasse la piattaforma direttamente responsabile dei contenuti, molte campagne di sensibilizzazione hanno cercato di rendere perseguibili *social* come Facebook e YouTube per i contenuti degli utenti sulle singole piattaforme[187].

È possibile sostenere, quindi, che la piattaforma **non** sia responsabile dei contenuti presenti su di essa poiché la piattaforma offre il *contenitore vuoto* per i prodotti multimediali che su di essa vengono caricati senza controllo preventivo. Ciò non significa, però, che le piattaforme non debbano tendere alla rimozione dei contenuti al

---

[186] A titolo esemplificativo si vedano le voci «*How do I invite new members to a Facebook group?*» presenti sul sito web facebook.com/help

[187] In particolare si veda la campagna *Stop Hate For Profit* che ha avuto molti sostenitori anche in Italia e che mira ad responsabilizzare direttamente le piattaforme per i contenuti in esse presenti. Tale iniziativa potrebbe anche essere encomiabile dal punto di vista teorico e *morale* tuttavia è utopica dal punto di vista della possibilità di realizzazione pratica. Il sito *web* della petizione è disponibile all'indirizzo www.stophateforprofit.org

fine di favorire un benessere collettivo ma unicamente che la mancata rimozione non può comportare una imputazione di carattere penale.

Un video pubblicato sulla piattaforma online YouTube contenente emblemi e riproducente azioni vietate dalla legge Mancino

Anche l'articolo 2 della legge Mancino trova applicazione dal punto di vista informatico disponendo una pena (fino 3 anni) di reclusione per chi ostenti emblemi *"propri o usuali delle organizzazioni, associazioni, movimenti o gruppi di cui all'articolo 3 della legge 13 ottobre 1975, n. 654"* o compia manifestazioni sempre relative alle stesse ideologie (come il *saluto romano*). In tal caso l'attinenza con l'ambito *online* si rileva attraverso la semplice applicazione della norma alla pubblicazione di contenuti che al loro interno abbiano immagini o manifestazioni vietate. Se la configurabilità può essere dubbia per le azioni che possono essere compiute inconsciamente (come la appartenenza ad un gruppo *online*), sembra molto più lineare l'interpretazione relativa alla ostentazione di emblemi. Un punto attualmente insolvibile è, però, la qualificazione dell'ambiente *online* (come un gruppo nel social Facebook o un video sulla piattaforma YouTube) come una manifestazione. Dal punto di vista sociale si è osservato soprattutto durante la quarantena causata dall'epidemia di covid-19 un aumento esponenziale degli *"eventi online"* chiamati così perché erano, di fatto, riunioni virtuali che sostituivano, tramite videochiamate o altri mezzi, le riunioni fisiche comunemente dette. Più difficile è cercare, invece, di prevedere un possibile futuro orientamento giurisprudenziale. Va anche evidenziato, però, che gli stessi fatti, qualora comprendano simbologie connesse alla dittatura di Mussolini, vengono puniti ai sensi della legge Scelba riguardante l'apologia del fascismo.

Deve anche essere considerato che l'articolo 1 della legge Mancino ricalca l'appena visto art. 3 comma 1 della legge 654 del 1975. Rispetto alla legge 654 del 1975, però, sono previste pene maggiori ma si può osservare come sia alla lettera a che alla lettera b dell'art 3 comma 1 della legge 205/1993 (Legge Mancino) non venga previsto in alcun modo un **mezzo** specifico attraverso il quale si deve attuare la commissione del reato. All'art.1 comma 1 lettera *a della legge numero 205/1993, infatti,* il riferimento è unicamente alla **diffusione** di idee e **all'incitamento** di condotte razziste o comunque discriminatorie (ci si riferisce in particolare a *"atti di discriminazione per motivi razziali, etnici, nazionali o religiosi"* [188]) senza mai specificare un mezzo, come la stampa, o il numero di persone (come potrebbe essere l'indicazione di un pubblico). Allo stesso modo, l'articolo 1 comma 1 lettera *b* della legge 654 del 1975 si riferisce solo al reato commesso da chi *"in qualsiasi modo incita a commettere o commette violenza o atti di provocazione alla violenza per motivi razziali, etnici, nazionali o religiosi"*[189] senza prevedere l'utilizzo di un mezzo particolare. È quindi necessario ai fini della configurazione del reato che venga compiuta una azione lesiva e che rientri nelle categorie previste. L'incitamento e la diffusione, a questo punto, possono avvenire anche soltanto nei confronti di una singola persona senza che sia in alcun modo necessario che venga accertata una particolare diffusione del messaggio. L'art. 2 della legge Mancino può essere il più problematico in relazione alla possibile applicazione delle condotte all'ambito dell'*online*. Esso si riferisce, infatti, alla tematica relativa ad ogni *"organizzazione, associazione, movimento o gruppo"*[190] che abbia tra i propri scopi *"l'incitamento alla discriminazione o alla violenza per motivi razziali, etnici, nazionali o religiosi"* [191]. In tale articolo viene punito anche il solo fatto della **partecipazione** o assistenza a tali gruppi. I gruppi *digitali*, però, hanno caratteristiche diverse e peculiari rispetto ai gruppi *analogici*[192], rendendo così punibile una persona estranea ai fatti che

---

[188] Si veda in proposito l'art. 1 comma 1 lettera a della legge n. 205 del 25 giugno 1993

[189] Ci si riferisca in proposito all'articolo 1 comma 1 lettera b della legge n. 205 del 25 giugno 1993

[190] Si veda l'art. 2 della legge numero 205 del 1993

[191] Ci si riferisca all'art. 2 della legge numero 205 del 1993

[192] La definizione di *analogico* e *digitale* non è scontata come potrebbe sembrare poiché con l'evoluzione tecnologica porre delle differenze e quindi tracciare un netto confine diventerà sempre più impegnativo proprio

sia presente nel gruppo *virtuale* a propria insaputa. La partecipazione ai gruppi *digitali*, infatti, potrebbe avvenire senza alcuna consapevolezza da parte del soggetto. L'*aggiunta* ad un gruppo virtuale può avvenire, infatti, anche senza il consenso dell'utente. Diventa quindi necessario considerare in ambito informatico la partecipazione non unicamente come presenza ma come **partecipazione attiva** tesa, cioè, al sostegno del gruppo estremista. La partecipazione, inoltre, non può essere punibile se avviene in modo sporadico proprio perché la norma pone addirittura sullo stesso piano la partecipazione e l'assistenza, evidenziando come sia imprescindibile che in qualche modo il soggetto si ponga in una indiscutibile situazione di aiuto al gruppo o comunque prenda parte ad esso dando il suo contributo, ad esempio con interventi verbali o con la pubblicazione di fotografie (tali interventi sono chiamati *post*). È necessario chiedersi, quindi, se una singola pubblicazione possa essere punibile addirittura con la reclusione da sei mesi a quattro anni, che sarebbero certamente da commisurare in base alla gravità delle azioni ma tali azioni, potrebbero, talvolta, non giustificare nemmeno la pena di reclusione che corrisponde, nel minimo edittale, a 6 mesi di reclusione. La norma, infatti, risulterebbe sproporzionata se punisse anche la partecipazione *digitale* ed occasionale, ponendo sullo stesso piano ogni soggetto presente all'interno del gruppo. È, inoltre, da evidenziare il paradosso che si realizzerebbe nel caso in cui il partecipante alla riunione *virtuale* fosse addirittura contrario alle idee esposte. Non sono rari, infatti, i privati cittadini che donano parte del loro tempo alla ricerca di gruppi telematici estremisti per effettuare la segnalazione alle autorità competenti o, più spesso, ai gestori (*admin*) della piattaforma che dovranno poi procedere alla rimozione. Tali soggetti sarebbero quindi *uniti* al gruppo (per poter leggere le pubblicazioni, infatti, bisogna essere *iscritti* al gruppo in questione). Molti *gruppi* che contengono pubblicazioni razziste fatte dagli utenti, nel *social* Facebook, infatti, tendono ad essere *chiusi* cioè a prediligere la possibilità di rendere

---

per la commistione sempre più solida tra i due *mondi*. In questo caso, però, il riferimento ad *analogico* e *digitale* è relativo al mezzo utilizzato. Se si tratta di un gruppo in cui le persone *fisicamente* si possono incontrare (ad esempio in un Bar o in un appartamento) si parlerà di *analogico*. Se, invece, si userà un sistema informatico (email, messaggio tramite social ecc.) o comunque un mezzo informatico o telematico (telefono cellulare, computer ecc.) per la comunicazione si parlerà di *digitale* e, eventualmente, di *virtuale*.

visualizzabili i contenuti unicamente ai soggetti facenti parte del *gruppo*. In questo modo, quindi, la segnalazione agli amministratori (i gestori della piattaforma *social*) che deve precedere necessariamente l'eventuale rimozione potrà essere svolta unicamente da un partecipante del gruppo stesso. Oltre ad essere presenti nella lista dei soggetti iscritti al *gruppo*, inoltre, molti soggetti che hanno l'intenzione di segnalare i messaggi commentano con pubblicazioni "innocue" (come la pubblicazione con l'augurio del *buongiorno* o la foto del proprio animale domestico) al fine di non essere ritenuti inattivi, individuati e quindi cancellati dal gruppo stesso. Il ruolo di questi soggetti privati non è marginale poiché svolge il lavoro che le autorità competenti (come può essere la Polizia Postale) non hanno le forze numeriche per svolgere. Talvolta si parla, infatti, di migliaia di gruppi, spesso non facilmente individuabili poiché nascosti da nomi che ai non partecipanti agli stessi possono apparire non legati all'ambito razzista[193]. In questo caso, quindi, i soggetti che svolgono le segnalazioni (oppure i giornalisti ed i ricercatori) sarebbero a tutti gli effetti considerabili come partecipanti al gruppo (in quanto ne fanno parte e partecipano attivamente). Per rendere la norma applicabile all'ambito *digitale* è necessario quindi considerare come partecipazione **non** soltanto la *pubblicazione* sporadica e senza dolo, poiché questo farebbe mancare l'elemento soggettivo del reato, ma una assidua e sistematica reiterazione dei contenuti lesivi e discriminatori.

Dell'articolo 2 della legge 205 del 1993 rileva anche il comma 1, in cui si identifica il luogo nel quale il fatto deve essere commesso. Diventa elemento fondante della fattispecie la *manifestazione esteriore* o l'ostentazione di un emblema **in una pubblica riunione**. È dubbio se si possa considerare pubblica riunione l'ambito *online*, quindi è necessario chiarire la definizione di riunione. Si potrebbe definire come *riunione,* al fine

---

[193] In proposito di veda:
"Facebook corre ai ripari su post e gruppi razzisti" di Gabriele Porro, Wired, 8 giugno 2020

e *"Elenco di Pagine FASCISTE e RAZZISTE su Facebook"*: una segnalazione di un utente privato tramite social Facebook risalente al 15 giugno 2015. Alcune delle pagine elencate (più di 50) hanno nomi come *"Cadiamo In Piedi"*, *"Controcrisi3"* oppure *"Notiziario 365"*. Non mancano anche riferimenti a pagine e gruppi che utilizzano il nome di attori famosi o di partiti politici che, però, formalmente non sono connessi agli stessi. Addirittura una pagina, ora disattivata, era nominata *"Amici Dell'Esercito Italiano – gruppo 3 non ufficiale"*. La data della segnalazione fa comprendere come gran parte delle pagine segnalate siano ormai state rimosse o, più spesso, abbiano cambiato nome per rendersi più difficilmente individuabili tuttavia evidenzia la problematica esposta.

specifico della norma, l'incontro di più persone nello stesso luogo. Poiché per *luogo* si può intendere sia un luogo fisico che digitale, la applicabilità della norma sembra essere ravvisabile, tuttavia non bisogna dimenticare il divieto di analogia. La *ratio* della norma è da ravvisarsi certamente nella limitazione delle manifestazioni razziste durante gli eventi *in presenza*. Tale intenzione è evidenziata anche dall'art. 2 comma 2 della legge Mancino in cui si vietano tali manifestazioni durante le competizioni agonistiche. Questo porta a pensare che l'art. 2 debba essere applicato all'ambito *online* con estrema cautela, evitando tutti i canali *social* "classici" (come gruppi o pagine) e riferendosi agli eventi che abbiano una limitazione temporale (dirette *online* come nel caso di YouTube o incontri digitali come nel caso delle videochiamate) e che siano accessibili ad un numero illimitato di persone. Una videochiamata tra pochi soggetti non potrà, quindi, considerarsi **pubblica** riunione a meno che il *link* che conduca alla riunione stessa sia posto all'interno di un sito *web* o una pubblicazione *social*. Allo stesso modo le dirette *online*, potranno essere **pubbliche** riunioni solo se aventi la partecipazione attiva di più soggetti e se rese accessibili liberamente a qualsiasi utente della piattaforma (ad esempio tramite una ricerca per parole chiave).

Altrettanto importante per il contrasto all'odio razziale è la legge Scelba (legge n. 645/1952)[194]

All'art. 1 di tale legge, infatti, viene disposto che è **vietata la riorganizzazione** *del partito fascista* utilizzando quasi la stessa formulazione presente nelle disposizioni costituzionali. Le pene previste sono molto severe e raggiungono i 24 anni di reclusione. Alle pene pecuniarie e detentive si aggiunge, nei casi di riorganizzazione del partito fascista, lo scioglimento e la confisca dei beni[195]. L'articolo 4 si riferisce nello specifico alla apologia del fascismo. Prevede che chi faccia propaganda al fine di creare un **gruppo** che persegua le finalità già sanzionate con nell'art.1 incorra in una pena detentiva di

---

[194] è stata approvata il 20 giugno del 1952 e viene introdotta in applicazione alla disposizione XII della costituzione che al comma 1 recita "*è vietata la riorganizzazione, sotto qualsiasi forma, del disciolto partito fascista*"

[195] In tal senso si vedano gli articoli numero 2 e 3 della legge 645/1952

massimo 2 anni. Più interessanti al fine della trattazione dell'odio *online* sono i commi 2 e 3. Al secondo comma viene previsto che soggiaccia alla stessa pena **chi esalta pubblicamente** esponenti, principi, fatti e metodi razzisti e che la pena (comma terzo) venga aumentata fino ad un massimo edittale di cinque anni per la commissione di tale reato a mezzo stampa. Il mezzo stampa è quello che, come visto per la legge riguardante la diffamazione, si potrebbe invocare per i reati di tale tipo commessi attraverso *social*. Necessario è anche considerare, però, che in questo caso non viene aggiunta la dicitura "*o con qualsiasi altro mezzo di pubblicità*"[196] presente nel reato di diffamazione. Poiché la legge penale non può essere applicata per analogia, è da escludersi la possibilità di applicazione di tale norma. Rimangono, invece, considerati a tutti gli effetti come stampa tutti i reati commessi da soggetti scriventi su giornali *online* regolarmente registrati come tali (e non come *blog* che è la forma più utilizzata perché elimina molte incombenze burocratiche ma che deve evitare di utilizzare *giornale* nella dicitura del proprio nome). Evidenziare la differenza delle pene è importante poiché accentua lo spiccato interesse della norma per la limitazione della stampa razzista. Si può supporre che l'interesse del legislatore non fosse, come qualcuno potrebbe sostenere, soffocare la libertà di pensiero del singolo individuo riguardo ad una questione specifica quanto, piuttosto, evitare che tale idea si propaghi poiché ciò necessariamente comporterebbe anche un aumento del rischio per il sistema democratico che, stando alle scelte del legislatore, sarebbe esponenzialmente maggiore rispetto alla manifestazione di una singola espressione di carattere antidemocratico. È quindi primario l'interesse sociale del legislatore che ritiene indispensabili delle misure di controllo al fine di garantire il mantenimento della democrazia. In relazione alla accusa che la legge Scelba sia contro la libera espressione va anche evidenziato che non viene bloccata ogni possibilità di parola sull'argomento. Sono consentite, infatti, tutte le tesi che si posino su un fondamento argomentabile e che, in ogni caso, non rientrino nella propaganda o nella istigazione di tali fatti. È legittimo dire che filosoficamente l'approccio migliore sarebbe quello di avere una società in cui

---

[196] In tal senso si veda: Art.595, Codice penale Italiano, comma 3

gli individui, perfettamente razionali, possano esprimere tutte le idee comprese le più aberranti e che poi la società stessa sia in grado di contrastarle con la dialettica, non seguirle e lasciarle estinguere per *selezione naturale*. Le dittature di meno di un secolo addietro, tuttavia, dimostrano quanto possa essere facile intaccare e distruggere il **fragile sistema democratico** facendo leva proprio sugli impulsi e sulle paure della maggioranza dei cittadini. È altrettanto vero, però, che per mantenere lo stesso sistema democratico che si vuole difendere, la legge non possa e non debba regolamentare ogni aspetto della vita del cittadino e che le idee più disparate debbano poter essere espresse limitando, però, gli eccessi che palesemente ledano l'essenza democratica dello Stato. Proprio per tali motivi gli eccessi devono essere ben definiti al fine di evitare abusi proprio come è stato correttamente fatto nella legge appena vista.

L'art. 4 della *l.645/1952*, inoltre, interessa attivamente l'ambito *online*. Vi sono a riprova molti comunicati della Polizia di Stato. Il 14 maggio 2016, ad esempio, è stato denunciato dalla Polizia Postale[197] per il reato previsto proprio nel'art.4 della *l.645/1952* un uomo che ha creato un gruppo su Facebook[198] con il nome di *Dux Nobis* in cui inneggiava alla *rivoluzione del fascismo*. Interessante è anche l'ultima parte del comunicato della Polizia di Stato in quanto sottolinea anche che sono state avviate indagini per le persone **iscritte** allo stesso gruppo (quindi non solo per il creatore del gruppo) e che la segnalazione circa l'esistenza di tale pagina è giunta alla Polizia da parte di un giornalista che si è trovato iscritto **a sua insaputa** al gruppo. Questo porta ad osservare che l'iscrizione al gruppo stesso non sembra essere ritenuta, almeno dal PM che ha seguito queste indagini in particolare, fonte di reato in modo diretto. Inoltre fornisce una ulteriore riprova del fatto che effettivamente sia possibile essere iscritti ad un gruppo di un social a propria insaputa facendo venire meno, di fatto, la possibilità di

---

[197] In tal senso si veda la pubblicazione (*post*) della Polizia di Stato in data 15 maggio 2016 sul social Facebook.com e riportante le parole di un comunicato ansa. Il *post* è disponibile sul *profilo* ufficiale della Polizia di Stato. Il nome di tale *profilo\pagina* è *Commissariato di PS Online – Italia*

[198] Come già accennato in precedenza, un *gruppo in questo* contesto è un luogo del social *Facebook* in cui ci si può iscrivere per commentare e discutere circa una tematica, un credo politico religioso, politico sportivo ecc.

pensare che i soggetti possano essere puniti unicamente per essere presenti in una "parte determinata[199]" di una piattaforma *online* (nel caso in esame Facebook). In proposito bisogna anche aggiungere che in molti *social* i messaggi non vengano mostrati con la stessa regolarità e frequenza e, quindi, che il soggetto può visualizzare di rado alcuni messaggi del *gruppo* (che può anche essere anche una *pagina*[200] o un altro tipo di proposta dei contenuti) e che può rimanere direttamente connesso all'utente anche per molto tempo a sua insaputa.

Deve essere osservato che la legge non nomina mai un **mezzo** specifico attraverso cui l'azione dovrebbe essere messa in atto facendo, di fatto, pensare che sia rilevante ai fini della determinazione della punibilità unicamente **l'azione** e non il mezzo attraverso cui è compiuta. Interessante in tale ottica è l'articolo 4 della legge che si riferisce al reato di *apologia del fascismo*. Tale reato, che è stato poi anche incluso nell'articolo 604 bis del Codice penale, prevede che venga punita la propaganda delle idee fasciste. Da notare è che anche la legge 645 del 1952 non specificava in alcun modo il mezzo con il quale la propaganda debba realizzarsi. Si pone, al contrario, il problema relativo alla corretta identificazione delle *manifestazioni fasciste*. Non si può pensare che la *legge Scelba* si riferisse a manifestazioni di tali azioni *online*, tuttavia non si esclude che la norma possa oggi applicarsi anche ad un sistema informatico o telematico. L'art. 5, infatti, punisce «*Chiunque, partecipando a pubbliche riunioni, compie manifestazioni usuali del disciolto partito fascista ovvero di organizzazioni naziste* [...]»[201]. È senza dubbio vero che le riunioni *online* siano oggi equiparabili alle riunioni in presenza tuttavia bisogna analizzare se la legge Scelba contemplasse la possibilità di punire una riunione che avvenga tramite un qualunque mezzo di comunicazione che colleghi i partecipanti fisicamente distanti ad uno stesso evento. È necessario osservar che la propaganda

---

[199] In riferimento ad un gruppo informatico di un *social*

[200] La differenza è puramente nella terminologia tecnica e in qualche funzionalità specifica. Il *gruppo* Facebook permette di avere tutti gli utenti *sullo stesso livello* e di poter proporre tutti contenuti con i quali gli altri interagiscono. La *pagina, invece*, è maggiormente gerarchica e presuppone che una sola persona (o gruppo) produca contenuti e che gli altri vi interagiscano non potendo, però, proporne altri nello stesso ambiente.

[201] Si veda: Art. 5 comma 1, legge numero 645 del 1952

tramite mezzi di comunicazione non era sconosciuta durante il fascismo. Anche se si riferisse unicamente alla parte relativa alle manifestazioni *usuali* al partito fascista, infatti, si potrebbe facilmente comprendere che il fascismo ha dato estrema importanza al ruolo della televisione e della radio. Sono celebri le documentazioni svolte dall'istituto LUCE dei discorsi pubblici più celebri, di brevi filmati corredati dagli ideali fascisti e da altrettanti video ritraenti i momenti salienti della guerra posti in modo propagandistico. È in quest'ottica pensabile che l'utilizzo dei *media* non sia per nulla estraneo alla prospettiva riguardante le manifestazioni fasciste. Sarebbe, quindi, sbagliato ridurre le *manifestazioni* considerate dalla norma alla sola azione *fisica* ma si deve più correttamente intendere qualunque azione che vada a riferirsi all'ideale fascista. Il divieto di analogia della legge penale, inoltre, non viene violato poiché ci si riferisce ad una fattispecie di reato che non richiede in alcun modo un mezzo specifico per verificarsi. È così che la legge Scelba può essere applicata a qualunque mezzo di *manifestazione fascista* a prescindere dal fatto che esso fosse o meno presente nel momento in cui la norma è stata approvata.

Uno dei video propagandistici di epoca fascista. Oggi molti dei documenti sono conservati dall'Archivio Luce e liberamente accessibili tramite il sito web archivioluce.com

La più recente norma in merito al contrasto dell'odio razziale è la *riforma* **Orlando** (legge n. 103/2017) che è stata approvata nel 2018 introducendo anche il principio della *riserva di codice*[202]. Tale principio è teso a razionalizzare la legge penale riportando all'interno del Codice le previsioni precedentemente rinvenibili in leggi collegate. In tale occasione viene introdotta nel Codice penale la sezione denominata "dei delitti contro l'uguaglianza". Rilevanti in questa sede sono **l'art.604 bis e l'art 604** ter che sono anche

---

[202] In tal senso si veda l'art.2, comma 1, lettera i del D.lgs. 01/03/2018 numero 21

gli unici due articoli attualmente presenti in tale sezione. L'articolo 604 bis dispone in riferimento alla *"Propaganda e istigazione a delinquere per motivi di discriminazione razziale etnica e religiosa"*. Nel comma 1 e 2 dell'art. 604bis C.P. viene esattamente ripresa la previsione già affrontata nella legge numero 654 del 13 ottobre 1975 che ratifica la convenzione internazionale sull'eliminazione di tutte le forme di discriminazione razziale e che è stata aperta alla firma a New York il 7 marzo 1966. La norma viene poi unita con la legge numero 115/2016 contro il negazionismo che, posta all'interno del codice, accentua maggiormente la forza omnicomprensiva nel contrasto alla discriminazione razziale per quanto riguarda le azioni potenzialmente lesive. Questa disposizione unifica e armonizza le norme già esistenti. È da notare però che, sebbene la Decisione quadro 2008/913/GAI del Consiglio europeo del 28 novembre 2008 abbia disposto che il minimo edittale per i reati di *istigazione pubblica alla violenza* sia di 1 anno, la pena minima per gli stessi reati nel nostro ordinamento sia di 6 mesi (art 604 bis comma 1 lettera b). Tuttavia si può pensare che il legislatore abbia considerato che la norma italiana rispetti le regole internazionali utilizzando l'art.-604 ter del Codice penale comprensivo di aggravanti. Tale considerazione, infatti, porta a superare per il reato di istigazione alla violenza razziale 1 anno di reclusione nel minimo, rispettando quanto previsto dalla normativa internazionale 2008/913/GAI. L'articolo 604 ter del Codice penale italiano, infatti, dispone che "la pena è aumentata fino a metà" per i reati non punibili con l'ergastolo e *"commessi per finalità di discriminazione o di odio etnico, nazionale, razziale o religioso, ovvero al fine di agevolare l'attività di organizzazioni, associazioni, movimenti o gruppi che hanno tra i loro scopi le medesime finalità la pena è aumentata fino alla metà"* (art. 604 ter, comma 1). La norma prescrive anche al comma 2 che "***Le circostanze attenuanti***, *diverse da quella prevista dall'articolo 98, concorrenti con l'aggravante di cui al primo comma,* **non possono essere ritenute equivalenti** *o prevalenti rispetto a questa e le diminuzioni di pena si operano sulla quantità di pena risultante dall'aumento conseguente alla predetta aggravante"*. Con l'art.604 del Codice penale il legislatore sancisce di fatto una aggravante sempre prevalente del bilanciamento della pena che si può anche applicare in concerto con il comma 1 che prevede un aumento addirittura fino alla metà.

Come visto, la sezione relativa ai *delitti contro l'uguaglianza* è composta da due norme, l'art. 604 bis e l'art. 604 ter, che sono state introdotte nel 2018. L'art. 604 bis C.P. viene dedicato alla *propaganda e istigazione a delinquere per motivi di discriminazione razziale e religiosa*. Al comma 1 lettera a di detto articolo si punisce "*chiunque propaganda*" tali forme di discriminazione senza specificare il mezzo con cui tale propaganda viene messa in atto. Se per *propaganda* si intende la diffusione di una idea al fine di *plasmare le percezioni e manipolare le cognizioni* di chi la recepisce[203] allora è chiaro che possa essere rilevante qualunque mezzo utilizzato, dalla oralità al più sofisticato sistema informatico. Il comma 3 dell'art 604 bis del codice penale vieta l'organizzazione di gruppi che incitino alla *violenza per motivi razziali, etnici, nazionali o religiosi*. Sia l'organizzazione che la partecipazione ai gruppi è punita senza che venga chiarito il modo in cui il gruppo deve essere costituito. Se, come accennato precedentemente, il gruppo fosse formato da un insieme di persone aggregate attraverso un *social* è pensabile che da un punto di vista formale il reato si configurerebbe anche se si aprissero degli interrogativi relativi alla giustizia sostanziale della norma. Nel caso della partecipazione ad un gruppo *social* l'attenzione deve essere posta non tanto sulla partecipazione come presenza ma sull'atto di *prendere parte* al gruppo stesso. La presenza in un gruppo *social* non dovrebbe essere considerata come sinonimo di partecipazione ma piuttosto al pari della mera presenza fisica in un locale. Esattamente come i soggetti *presenti* in una banca durante una rapina non possono essere considerati *partecipanti* alla rapina, così la *presenza* (virtuale) in un gruppo *social* chiuso[204] che inciti allo sterminio non può comportare la *partecipazione* al gruppo a meno che il soggetto non metta in atto egli stesso condotte lesive (come la pubblicazione di contenuti che istigano allo sterminio). La *partecipazione* anche *passiva*, invece, costituisce proprio

---

[203] In tal senso si veda la definizione di *propaganda* nel vocabolario Treccani

[204] chiuso inteso come un luogo *social* in cui i messaggi sono visibili ai soli membri

il punto centrale del comma 2 dell'art 604 bis del codice penale. È quindi da pensare che, nel caso in cui ci si trovasse di fronte ad una valutazione in concreto, si dovrebbe in primo luogo accertare la reale partecipazione del singolo soggetto che dovrebbe essere caratterizzata da una condotta attiva all'interno del gruppo *social*. Bisogna tenere in considerazione che in alcuni *social* è possibile avere relativa (mai assoluta) certezza che alcuni contenuti siano stati visualizzati[205]. Tuttavia anche in questo caso è da escludere la punibilità nei confronti di chi visualizza il messaggio d'odio all'interno di un *gruppo virtuale estremista* poiché l'articolo 604 bis del codice penale è basato sulla repressione della propaganda dei contenuti e delle manifestazioni lesive. Sebbene qualcuno possa obiettare che si otterrebbe più velocemente una limitazione dell'odio razziale punendo anche i **fruitori** dei contenuti (limitando l'utenza si limiterebbe, infatti, anche la possibilità di *monetizzare* – guadagnare – da tali contenuti per i creatori) tuttavia è senza dubbio vero che la repressione sai la prima via verso un inasprimento delle conflittualità. Il divieto di usufruire di contenuti, per quanto deprecabili essi siano, fa sì che il fenomeno si sposti in spazi sempre meno controllabili. Come visto nell'analisi iniziale, infatti, l'odio *online* permette di osservare quale sia l'andamento dei fenomeni d'odio in un paese e, eventualmente, consente di reprimere tali fenomeni prima che sfocino in più aspre espressioni di violenza. Se si vietasse la visualizzazione del contenuto punendo i **fruitori passivi**, anche i **creatori** di contenuti razzisti si sposterebbero su piattaforme non tracciabili rendendo impossibile comprendere la vastità dell'utenza con la quale che un creatore di contenuti è in grado di influenzare. Constatare il numero di *visualizzazioni*[206] di un video sulla piattaforma YouTube, ad esempio, può fornire

---

[205] È il caso, ad esempio, delle *storie* di Instagram (*social* dedicato alla fotografia) costituite da contenuti in larga parte fotografici destinati ad auto-cancellarsi dopo 24 ore. In tali contenuti è facilmente identificabile chi sia il soggetto che li ha visualizzati. In tal caso per visualizzazione si intende il passaggio sullo schermo. Tale passaggio non implica necessariamente che il soggetto abbia attivamente visto o letto il contenuto.

[206] Inteso come numero di aperture di un video. L'apertura non viene sempre conteggiata ma è valida solo se è effettuata da un *utente unico* (chi non ha mai aperto il video prima) e se la permanenza minima sulla visualizzazione del video è pari al tempo definito in base ad una frazione dell'intera durata del video in modo da evitare nel conteggio aperture accidentali (indicativamente dai 20-30 secondi a qualche minuto. Se il video durasse 10 minuti potrebbe essere circa di 35 secondi).

importanti informazioni relative alla diffusione di una certa idea. Sebbene la rimozione immediata del contenuto risulti l'operazione più veloce, non bisogna dimenticare che lo stesso contenuto verrà quasi certamente riproposto in altre piattaforme meno controllate o, nei casi peggiori, la violenza espressa verbalmente sfocerà in violenze anche di carattere *fisico*. È necessario, però, svolgere alcune distinzioni. In alcuni casi, infatti, la rimozione può essere efficace per evitare l'odio che si è scatenato nei confronti di una figura specifica (come può essere un individuo famoso). Poiché in questo caso si tratta di *odio momentaneo*, la rimozione dei contenuti direttamente lesivi porta in poco tempo gli *odiatori seriali* (cioè coloro che pubblicano contenuti lesivi contro un soggetto determinato per puro divertimento) a dimenticare il bersaglio scegliendone poi un altro. Gli insulti non vengono, però, dimenticati nei casi relativi alla diffusione di idee negazioniste o di superiorità razziale. Tali idee, infatti, non sono solo manifestazioni estemporanee del pregiudizio quanto, piuttosto, forme endemiche di una problematica fortemente radicata in molte società, cioè quella del razzismo. La azione di *tampone* può senza dubbio essere anche in questo caso la rimozione del contenuto, considerando però che tale azione porterà il fenomeno a diventare sempre meno controllabile tramite la Rete. In ogni caso è necessario che gli enti competenti dispongano misure di contrasto efficaci basandosi sia sulla educazione e rieducazione che sulla repressione che dovrà, però, essere usata solo nei casi più gravi.

Fino ad ora nell'affrontare le leggi a tutela delle categorie protette in particolare ci si è soffermati particolarmente sull'odio di stampo razziale e religioso. Vi sono, tuttavia, anche altre categorie che sarebbero meritevoli di tutela come visto nella prima parte della trattazione. Bisogna però sottolineare che attualmente non esistono norme poste a tutela di altre categorie protette nell'ordinamento giuridico italiano. Sono giunte in fase avanzata di discussione alcune proposte che mirano ad estendere le disposizioni della già esistente legge Mancino alla comunità LGBT tuttavia nessun tentativo di riforma è stato attualmente portato a compimento. Sebbene non vi siano norme italiane poste a tutela degli individui LGBT, è bene notare che l'Italia si inserisce nel quadro politico e sociale europeo nel quale numerosi paesi hanno adottato leggi per contrastare le discriminazioni LGBT. È necessario notare che ogni paese ha utilizzato una strategia diversa in proposito per l'adozione dei sistemi di tutela e che le disposizioni vengono formulate in modo diverso a seconda degli Stati. A seconda della sensibilità politica del Paese, infatti, viene fornita alla norma maggiore o minore capacità sanzionatoria. Questo dimostra sia che l'inserimento della norma può essere svolto con varie modalità sia che questo tipo di tutela si articola sia sul piano giuridico che su quello sociale e politico. Bisogna anche considerare che le modalità di introduzione della normativa negli ordinamenti europei forniscono degli spunti importanti per comprendere come potrebbe avvenire l'integrazione di una normativa simile nel Codice penale italiano. È interessante osservare che alcuni paesi inseriscono tale divieto di discriminazione unicamente nel diritto del lavoro mentre altri, al contrario, adottano disposizioni molto simili alla nostra legge Mancino. Attualmente i paesi che hanno adottato in varie forme una norma per il contrasto alla discriminazione LGBT sono Austria, Belgio, Cipro, Danimarca, Finlandia, Grecia, Irlanda, Islanda, Francia e Germania. Per l'analisi ci si soffermerà sugli ultimi due stati poiché giuridicamente affini all'Italia e dalle quali, quindi, è possibile trarre molti spunti utili per una eventuale e futura modifica del Codice penale italiano. Deve inoltre essere considerato che l'analisi si rende necessaria qualora si voglia favorire una integrazione maggiore tra gli stati per il contrasto al crimine transfrontaliero, tematica estremamente attuale nel caso in cui ci si occupi di reati commessi tramite la rete La Francia ha una storia molto antica per quanto riguarda la tutela delle persone LGBT. Nel 2004 è stata approvata una legge[207] (*Loi n 2004-1486*) per l'istituzione della "*Alta autorità per la lotta contro le discriminazioni e per l'uguaglianza*"[208]. Nella stessa legge vengono anche penalizzate le "*dichiarazioni pubbliche che incitano all'odio, alla diffamazione o all'offensiva a causa di orientamento sessuale*". Attraverso il decreto n° *2005-284 del 25 marzo 2005*[209],inoltre, viene punita la diffamazione, l'insulto e

---

[207] *Loi n° 2004-1486 du 30 décembre 2004 portant création de la haute autorité de lutte contre les discriminations et pour l'égalité*

[208] Haute Autorité de lutte contre les discriminations et pour l'égalité (HALDE)

[209] *Décret n° 2005-284 du 25 mars 2005 relatif aux contraventions de diffamation, d'injure et de provocation non publiques à caractère discriminatoire et à la compétence du tribunal de police et de la juridiction de proximité*

l'incitamento all'odio nei confronti delle persone LGBT. In riferimento alla legge del 2004 va sottolineata l'ampia discrezionalità della Autorità nelle operazioni di contrasto a tali forme di odio.

La vittima può, infatti, riferirsi all'organo deputato al contrasto all'odio[210] in modo molto facile ed economico e l'autorità può, inoltre, agire autonomamente ma a patto che la potenziale persona offesa sia informata e non sia contraria al procedimento[211]. Tale disposizione prevede, quindi, la possibilità di agire senza obbligare la vittima a sottoporsi a lunghi percorsi che la scoraggerebbero dal denunciare ma, al contempo, garantisce tutela per l'accusato ricorrendo sempre un ente esterno e competente. Tramite l'analisi di questo articolo si evidenzia sia il forte interesse di tutela che dimostra l'interesse primario di tutela del legislatore sia una forte autonomia degli organi preposti tesa, probabilmente, anche ad accelerare le procedure delle vittime a vedersi tutelate. Ciò si rivela molto interessante rispetto alla previsione attuale italiana che richiede di dover poter individuare l'*hate speech* nella diffamazione per poter ottenere tutela in ambito penale (in caso contrario la tutela è, infatti, solo Civilistica). Della legge del 2005 deve essere evidenziato anche l'articolo 4. Nel comma primo si prescrive che il codice penale viene modificato aggiungendo una pena per "[*l'*] *incitamento non pubblico all'odio o alla violenza nei confronti di una persona o un gruppo di persone in ragione del loro sesso, del loro orientamento sessuale o del loro handicap* [...]"[212]. Tale dicitura potrebbe essere inserita allo stesso modo nel Codice penale italiano affiancandola a quasi

---

[210] In riferimento si veda l'art.4 comma 2 e seguenti del *"Décret n° 2005-284 du 25 mars 2005"*

[211] « *Toute personne qui s'estime victime de discrimination peut saisir la haute autorité, dans des conditions précisées par décret en Conseil d'Etat.*
La haute autorité peut aussi se saisir d'office des cas de discrimination directe ou indirecte dont elle a connaissance, sous réserve que la victime, lorsqu'elle est identifiée, ait été avertie et qu'elle ne s'y soit pas opposée.
Les victimes de discrimination peuvent également saisir la haute autorité par l'intermédiaire d'un député, d'un sénateur ou d'un représentant français au Parlement européen », art. 4 comma 1,2,3, *Loi n 2004-1486*

[212] « *Est punie de la même peine la provocation non publique à la haine ou à la violence à l'égard d'une personne ou d'un groupe de personnes à raison de leur sexe, de leur orientation sexuelle ou de leur handicap, ainsi que la provocation non publique, à l'égard de ces mêmes personnes, aux discriminations prévues par les articles 225-2 et 432-7.* » art.4 comma 1 legge numero 2005-284

tutte le ipotesi in cui si tratti di discriminazione razziale rendendo molto agevole la modifica da compiere sul territorio nazionale.

In riferimento alla legge **tedesca**, invece, bisogna osservare come non sia mai stata approvata una legge unitaria; tuttavia, i *Länder* di Berlino, Brandeburgo e Turingia hanno inserito direttamente il divieto di discriminazione in base alla identità sessuale in Costituzione. Questo fatto è fortemente degno di nota poiché evidenzia la importanza che viene data a tali tematiche in altri paesi. Inserendo il divieto di discriminazione di fatto si anticipa qualunque problematica possa sorgere in relazione a figure di reato particolari come la diffamazione, anche nel caso in cui non nominino esplicitamente la diffamazione relativa all'identità sessuale nell'articolo specifico. Tale condotta è interessante e sembra essere attualmente lontana dall'idea di tutela del legislatore italiano[213]. Nel nostro paese, infatti, pur avendo l'articolo 3 della costituzione si è ritenuto necessario specificare nuovamente quali categorie protette ogni reato includa o meno. Sebbene il processo sia più laborioso si può osservare anche che esso garantisce maggiore tutela sia alle vittime sia all'indagato.

In conclusione, la mancanza di una legge comune che sia stata approvata sull'intero territorio tedesco dimostra ancora una volta la difficoltà politica di una scelta simile di tutela. È auspicabile che, a seguito di una discussione costruttiva tra i vari paesi e che ponderi le diverse sensibilità politiche e sociali dei singoli paesi dell'Unione, si riesca a giungere ad una concordanza tra le varie leggi penali europee al fine di agevolare il processo di integrazione e unificazione.

---

[213] Per approfondimento si veda l'appendice "*Le proposte di legge in discussione*"

III. Il bene giuridico tutelato

È da porre particolare articolare attenzione al bene giuridico tutelato considerando la tematica in modo trasversale rispetto alle varie norme. Individuare il bene giuridico protetto, infatti, rende possibile analizzare correttamente la normativa vigente e avviare una analisi riguardante lo scopo verso il quale debba tendere la normativa futura. In riferimento a tale tematica deve essere ripreso quanto detto fino ad ora e differenziare la normativa generale (la diffamazione) dalle leggi particolari poste a tutela delle singole categorie di soggetti (le norme contro il razzismo). Dal punto di vista della diffamazione si può identificare come oggetto della tutela penale l'interesse alla protezione dell'onore e della reputazione dei cittadini. Tale bene può quindi essere riassunto nella considerazione e nella opinione che gli altri concittadini hanno di un soggetto e che potrebbe essere intaccata da una azione diffamatoria. È quindi da definire se le espressioni presenti *online* siano concretamente idonee a ledere la credibilità di un soggetto. Tali azioni non possono essere considerate di poco conto perché percepite lontane dalla vittima ma, al contrario, la loro presenza telematica pervasiva (la cosiddetta **copertura mediatica**) le rende maggiormente lesive per via della quantità di persone che potenzialmente potrebbe visualizzare un messaggio. In relazione alla copertura mediatica che un messaggio *online* potrebbe avere bisogna considerare le analisi che sono state fatte sulla relazione che ci può essere tra la pubblicazione di un messaggio e la sua effettiva visualizzazione da parte degli altri utenti. Se si escludono le *personali* opinioni che gli esperti del settore possono avere senza riportare molti dati ma unicamente per esperienza, si può prendere come riferimento una analisi fatta alla Stanford University dal professor. Michael Bernstein[214]. Dalla ricerca risulta che, al

---

[214] Il professor. Michael Bernstein si occupa di *"Human-Computer Interaction Group"* presso il *Computer Science Department* della Stanford University. Il curriculum vitae accademico integrale è disponibile sul sito web della Stanford University accessibile tramite il *link hci.stanford.edu*

La ricercar è stata esaustivamente riassunta da un articolo del Business Insider.
In riferimento all'articolo si veda *"How Many Of Your Friends See Your Facebook Posts? The Debate's Over, It's 35%"*, Cooper Smith, 10 Agosto 2013, Business Insider

netto delle continue modifiche di programmazione dei *social network* che influenzano la visibilità, ogni contenuto viene visto sulla piattaforma Facebook da circa il **35% degli utenti** "*amici*", cioè coloro che sono direttamente connessi con chi *pubblica* la notizia. Nello studio vengono evidenziati alcuni aspetti importanti, utili per determinare il reale pericolo per la reputazione della vittima. È stato osservato che la percezione rilevata dai ricercatori, relativamente alla capacità di penetrazione di un messaggio *online*, fosse inferiore rispetto alla reale diffusione. Molte persone intervistate durante la ricerca sostenevano che, pur avendo molti contatti, la loro pubblicazione sarebbe stata vista da circa 60 persone quando in realtà la media di visualizzazioni reali che sono state verificate raggiunge anche il doppio. È quindi chiaro come un contenuto possa facilmente diffondersi all'interno di un gruppo sociale vasto anche senza che l'autore sappia o voglia esporre il proprio pensiero a molti utenti. Nella diffusione del contenuto, inoltre, assume molta incidenza la sua capacità di generare apprezzamenti (chiamati su Facebook *like*). Più interazioni ("*like*" e "*commenti*") una pubblicazione riceve più aumenteranno le possibilità che lo stesso contenuto venga visualizzato da altri utenti tanto da rendere fondamentale limitare il contenuto prima che la reputazione venga intaccata su più larga scala. La quantità di utenti raggiunti con un messaggio, come già osservato, non influisce sulla punibilità dal punto di vista giuridico, ma è tuttavia necessario considerare la "copertura" di un contenuto per capire se si possa identificare in queste condotte una lesione al bene protetto. Proprio in relazione al controllo della reale copertura si aggiunge il fattore legato alla collaborazione delle piattaforme utilizzate. La ricerca sopra indicata fa emergere come i dati relativi al numero di visualizzazioni siano imprecisi poiché molti servizi *social* (tra cui Facebook) non danno un reale riscontro agli utenti di quante persone il contenuto abbia raggiunto (se non in rari casi) e questo rende impossibile quantificare gli utenti che possono aver visto il contenuto diffamatorio. Inoltre deve anche essere evidenziato che i sistemi *social*, come anche i motori di ricerca, sono legati ad una logica tecnico – matematica (chiamata **algoritmo**) di proposta all'utente del contenuto finale in base a molti fattori tra cui l'interesse supposto e l'apprezzamento degli altri soggetti e questo rende molto variabile la possibilità che un contenuto venga visto. È quindi chiara l'impossibilità di quantificare con esattezza il pubblico raggiunto dalla informazione lesiva, cui si collega anche la impossibilità di rettificare in un secondo momento l'affermazione lesiva o diffamatoria nei confronti di un pubblico pari o superiore poiché il contenuto diffamatorio potrebbe essere visto da molti più utenti rispetto che la smentita. Come visto all'inizio della trattazione, i contenuti con una alta *carica emotiva* (positiva o, soprattutto, negativa) sono anche quelli che tendono ad ottenere il maggiore apprezzamento. È così che un insulto in cui si accusa un politico di aver favorito un parente oppure dei messaggi di odio razziale otterranno molta più *copertura online* di un successivo contenuto in cui la vittima spiega di essere stata considerata da un *giurì d'onore* estranea ai fatti di cui è stata ingiustamente accusato (ai sensi dell'art. 596 comma 2 del Codice penale). Deve, inoltre, essere considerata la forte credibilità che viene data ai messaggi derivanti dai social. Secondo una ricerca del Censis riportata da "Il Sole 24 Ore"[215], il 35% della popolazione utilizza come fonte primaria il *social* Facebook. La percentuale addirittura è in crescita poiché risulta arrivare fino al 48,8% tra le persone nella fascia di età inferiore ai 30 anni. Questi dati evidenziano ulteriormente come la diffusione di contenuti diffamatori sia capillare tramite i sistemi *online*. Diventa quindi chiara la necessità di tutela in tal senso che sia messa in atto in modo immediato anche attraverso la rimozione del messaggio. Quanto detto conferma ulteriormente la tesi iniziale. La **tutela** anche nell'ambito *online* si rivela essere, infatti, non solo *legittima* ma anche **fondamentale** per garantire una corretta protezione dei cittadini in una società sempre più informatizzata.

Dal punto di vista delle figure di reato a tutela delle singole categorie di cittadini, invece, si è visto come esse siano prevalentemente concentrate sulla repressione dell'odio razziale anche se vi sono attualmente in discussione normative volte a limitare l'odio omofobico. L'analisi complessiva delle norme porta a porre parecchie questioni circa il

---

[215] In merito si veda: "*Censis: Bufale in rete, ci «casca» più della metà di chi va sul web*", Il Sole 24 Ore, 4 ottobre 2017, n.n. In riferimento ai dati del 14esimo Rapporto Censis sulla comunicazione ("I media e il nuovo immaginario collettivo")

bene giuridico tutelato nello specifico[216]. A seguito di alcune sentenze [217] si è discusso della possibilità che le norme siano poste non tanto a tutela della dignità delle persone quanto, piuttosto, a tutela della *"pubblica tranquillità e della pacifica convivenza fra le diverse etnie presenti sul territorio"*[218]. La discussione è stata in parte risolta da una sentenza della Corte di Cassazione[219] avente ad oggetto la diffusione di un volantino elettorale contenente la frase *"basta usurai, basta stranieri"* e *"difendi l'Italia – vota […]"* accompagnata anche da disegni caricaturali di persone dalle diverse etnie[220]. Lo scritto veniva distribuito in vista delle elezioni europee del 2019. La Corte ha ritenuto che il bene giuridico *"non è costituito dall'ordine pubblico, il quale ha rilevanza indiretta, ma dalla tutela della **dignità umana** come risulta dalla nozione di discriminazione recepita dall'articolo 2 del decreto legislativo n. 215 del 2003 nel quale si fa esplicito riferimento alla dignità della persona"*[221]. La Corte di Cassazione, quindi, pone l'interesse su un piano più alto considerando non solo degno di tutela ma primario il rispetto della dignità della persona in base all'etnia. Nel bilanciamento costituzionale il valore assume importanza sia il rispetto della dignità umana, imposto in particolare dall'articolo 3 comma 1 della Costituzione, nella parte in cui recita *"Tutti i cittadini hanno pari dignità sociale"*, sia in adempimento all'articolo 1 della "Carta dei Diritti Fondamentali dell'UE", che assume lo stesso valore a livello costituzionale. La frase "*la*

---

[216] In merito alla problematica esposta di seguito si veda anche l'articolo accademico *"Reati in tema di discriminazione: il punto sull'evoluzione normativa recente, sui principi e valori in gioco, sulle prospettive legislative, sulla possibilità di interpretare in senso conforme a costituzione la normativa vigente"* di Giuseppe Pavich e Andrea Bonomi sulla rivista Diritto Penale Contemporaneo

[217] In particolare: Cassazione penale, sez. III, 13/12/2007, n. 13234,reperibile sul sito web della Corte di Cassazione con i riferimenti *"Cassazione Penale, n.13234/2007"*

[218] Tribunale di Verona, sentenza del 24/2/2005 numero 2203

[219] In riferimento si veda la sentenza della terza sezione penale, n. 36906/2015. reperibile sul sito web della Corte di Cassazione con i riferimenti *"Cassazione Penale, n. 36906/2015"*

[220] In merito si veda proprio la sentenza della Corte di Cassazione, terza sezione penale, n. 36906/2015 nella quale viene anche citato il sito web dove, al tempo della sentenza, era anche presumibilmente possibile reperire la locandina del candidato *(salmestefano.myblog.it)*.

[221] Le parole sono tratte dalla sentenza della Corte di Cassazione, terza sezione penale, numero 36906/2015

dignità umana è inviolabile. Essa deve essere rispettata e tutelata" evidenzia che la dignità di ogni cittadino deve essere il fulcro delle società democratiche. Tale valore non può prescindere dal rispetto delle diversità che caratterizzano le società moderne ed assume, insieme alla liberà di espressione, un ruolo cardine nell'ordinamento giuridico italiano.

IV. Le possibili soluzioni ai crimini d'odio attraverso la rete e le problematiche di applicazione

Come evidenziato in precedenza, sui *social* si *svolge* parte della *personalità* dei soggetti (riprendendo l'art.2 della Costituzione). Con la modifica del tessuto sociale, infatti, moltissimi utenti usano i *social network* non solo per informarsi ed esprimere pubblicamente il proprio pensiero (tramite, ad esempio, Facebook, Twitter, Instagram...) ma anche per comunicare privatamente tra di loro (utilizzando Telegram, WhatsApp...) [222].

A conferma dell'utilizzo quasi generalizzato dei *social* si può richiamare la analisi dell'ISTAT riguardante *cultura, tempo libero ed uso dei media*[223] che evidenzia, come era prevedibile, un vertiginoso aumento dell'uso di *internet* negli anni da parte dei più giovani. Nel 2015, l'85,1 % degli individui intervistati tra i 25 ed i 34 anni dichiarava di usufruire della Rete. Tale percentuale raggiunge addirittura il 92% considerando i soggetti tra i 15 ed i 17 anni. I dati raccolti nel 2015 evidenziano come l'attuale fascia (in riferimento al 2020) di popolazione tra i 20 ed i 22 anni abbia usufruito negli anni precedenti di *internet* e dei servizi che esso offre. Si può verosimilmente pensare che tale utilizzo sia stato mantenuto fino ad oggi. A conferma di tale affermazione si considerino le ultime campagne elettorali che hanno trovato nei mezzi offerti da *internet* un enorme punto di forza, avendo basato su questi sistemi gran parte della comunicazione[224].

---

[222] Per un riferimento sulle statistiche specifiche si vedano i report ISTAT 2020 e il rapporto *Digital 2020* della organizzazione "*Global Digital 2020*" in collaborazione con la società di gestione dei social per imprese *Hootsuite*

[223] Gli anni considerati nei dati riportati vanno dal 2001 al 2015

[224] In riferimento si veda l'articolo di Marco Venturini, esperto e consulente in comunicazione politica, "*Comunicazione politica e social network: come usare Facebook e Instagram in campagna elettorale*" disponibile al *link* marcoventurini.org e lo studio della Camera dei Deputati "*Social network e campagna elettorale*" del 3 maggio 2019

L'utilizzo dei *social* è diventato non solo una peculiare caratteristica di questo secolo culturale ma anche e soprattutto una forma di linguaggio ed espressione fondamentale per l'espressione democratica. È in quest'ottica che diventa necessario chiedersi se sia legittimo, in un sistema democratico, privare un individuo o una organizzazione del diritto all'espressione tramite questo mezzo. Ad una analisi sommaria questa appare essere una problematica già affrontata con la libertà di stampa *tradizionale* tuttavia la situazione non è per nulla analoga. Un giornale, infatti, è un sistema comunicativo a sé stante che può essere limitato dallo Stato con leggi specifiche e che dipende unicamente dalle aziende addette alla stampa, alla distribuzione ed alla vendita. Non è lo stesso per gli utenti dei *social* che producono contenuti e, in alcuni casi, generano anche introiti come nel caso della modella ed *influencer*[225] Chiara Ferragni che ha utilizzato la piattaforma Instagram per raggiungere la notorietà o di PewDiePie che genera contenuti video su YouTube[226] avendo oltre 106 milioni di *iscritti*[227]. Gli utilizzatori dei *social*, infatti, a differenza dei giornali cartacei, per quanto siano *influenti* rispetto al proprio pubblico, dipendono totalmente dalle decisioni della piattaforma che li ospita e che li ha, talvolta, anche resi celebri. Le decisioni di cancellazione dei contenuti da parte delle società informatiche vengono prese sulla base di alcune *linee guida*[228] cioè regole generiche di condotta. Il problema si pone quando il *social* prende la decisione di rimuovere, spesso a seguito di una analisi automatizzata e di alcune segnalazioni ricevute da privati, contenuti **legali**[229] La problematica viene particolarmente accentuata se ad

---

[225] Significato tratto dal dizionario Treccani Online: "*Personaggio popolare in Rete, che ha la capacità di influenzare i comportamenti e le scelte di un determinato gruppo di utenti e, in particolare, di potenziali consumatori, e* [che] *viene utilizzato nell'ambito delle strategie di comunicazione e di marketing*"

[226] Il termine utilizzato per indicare la professione descritta è *YouTuber*

[227] Persone che assiduamente seguono i contenuti. Si può indicare anche con il termine *abbonati* anche se non utilizzato e non totalmente esatto

[228] In proposito a titolo esemplificativo si vedano le *linee guida* della piattaforma Instagram disponibili alla pagina *Community Guidelines* al link *help.instagram.com*

[229] come possono essere ,se proposti su una piattaforma destinata ad adulti, le pubblicazioni - i post(Traducibile come pubblicazioni anche se il termine posto in traduzione non è utilizzato) - di un modello o di una modella contrassegnate come "contenenti nudità".

essere oscurate da una piattaforma privata sono le affermazioni con utilità pubblica[230] La problematica relativa al sempre maggiore controllo della opinione pubblica da parte di piattaforme private assumerà più grande importanza in futuro poiché le istituzioni stanno decidendo con maggiore frequenza di affidarsi ai *social* per dare comunicazioni importanti al fine di raggiungere maggiore pubblico ed avere maggiore immediatezza rispetto a quella fornita dai siti *web*. Il blocco di tali strumenti, quindi, diventa di fatto una interruzione del mezzo utilizzato per comunicare con i cittadini. Come già detto, anche i partiti politici utilizzano questo stesso mezzo che diventa essenziale per la strategia comunicativa. In tal proposito e restando entro i confini nazionali bisogna citare l'episodio che ha viste contrapposte in tribunale l'azienda Facebook e Casa Pound[231]. Tale caso è rilevante per due motivi: in primo luogo si osserva una forte influenza delle piattaforme nella vita politica di uno Stato ed in secondo luogo la rimozione è avvenuta per "motivi di contrasto alle idee razziste" e quindi la relativa sentenza interessa direttamente la trattazione. La nota azienda della Silicon Valley nel 2019 ha reso non più disponibile al pubblico la *pagina* del partito politico e del *profilo* personale del politico Davide Di Stefano. A tale rimozione è seguita, poco tempo dopo, anche quella riferita ad un quotidiano (Primato Nazionale) afferente alla stessa area politica[232].

---

[230] come è avvenuto sulla piattaforma Twitter ai *post* del presidente degli Stati Uniti d'America(In riferimento si veda "*Twitter slap another warning label on Trump tweet about force*" di Rachel Lerman, pubblicato il 24 giugno 2020 sul The Washington Post) che viene ritenuto una *istituzione* di utilità pubblica certamente per il pubblico nordamericano ma anche per la gestione della politica internazionale. Il caso di Donald Trump non è un caso isolato.

[231] Partito e movimento militante nell'area *destra* a livello politico. Il vocabolario Treccani alla pagina "neofascismo" riporta le parole "*Nel 1995, dopo lo scioglimento del MSI, fu fondato il Movimento sociale-Fiamma tricolore, guidato ancora da Rauti. Al 1998 risale invece la nascita di Forza nuova, che è riuscita a farsi veicolo dell'ideologia neofascista in settori delle giovani generazioni, e che negli anni Duemila è stata affiancata dalla rete di centri sociali di destra denominata* **Casa Pound**".
[Non devono essere confusi i movimenti\partiti di Casa Pound e Forza Nuova poiché si tratta di due soggetti differenziati sia dal punto di vista legale che per quanto riguarda alcune scelte prese, anche se comunemente indicati come afferenti ad ideologie simili.]

[232] In merito ci si riferisca all'articolo «*Facebook 'nasconde' il giornale di destra Primato nazionale. Di Stefano (CasaPound): "Censura"*» di F.Q. [il nome non è riportato integralmente dal giornale] del 31 ottobre 2019, Il Fatto Quotidiano
e a «*Facebook contro la riapertura della pagina Casapound: "Non vogliamo che utilizzino i nostri servizi"*» di Rosita Rijtano, 27 dicembre 2019, la Repubblica

Entrambe le rimozioni sono avvenute perché i contenuti "non rispettavano gli standard della comunità" cioè delle regole imposte dalla stessa società agli utenti del *social*.[233] Ciò porta a chiedersi se sia legittimo che una società privata abbia questa possibilità di censura dei nuovi mezzi di comunicazione. La stessa Facebook, inoltre, non controlla solo l'omonimo *social* ma anche altri mezzi di comunicazione come Instagram e WhatsApp e quindi potrebbe mettere in atto un sistema di blocco e cancellazione che potrebbe interessare gran parte delle piattaforme più utilizzate, mettendo di fatto in atto una censura selettiva.

In ambito costituzionale bisogna richiamare l'articolo 49 della Costituzione che consente a tutti i cittadini *"di associarsi liberamente in partiti per concorrere con metodo democratico a determinare la politica nazionale"*. Si potrebbe pensare che, se anche il contenuto fosse composto da messaggi a sfondo razzista o xenofobo, esso abbia comunque il diritto di essere espresso da un partito politico costituito e che, in ogni caso, il diritto o meno di esprimere una certa opinione non possa essere concesso o negato da una società privata nemmeno su una piattaforma proprietaria. In questi termini Casa Pound ha agito civilmente contro la società americana presso il Tribunale di Roma. Sebbene si tratti di una sentenza civile, è opportuno riportare quanto deciso in alcuni punti salienti da parte della Corte. Il tribunale [234] ha ritenuto che vi sia *periculum in mora* in relazione alla possibilità di espressione visto il *"[…] preminente e rilevante ruolo assunto da Facebook nell'ambito dei social network, e quindi oggettivamente anche per la partecipazione al dibattito politico"*. In questo modo viene di fatto confermato quanto sostenuto precedentemente in questa sede, e cioè che il ruolo dei maggiori *social* ormai trascende quello della società privata, svolgendo in tutto e per tutto un *servizio sociale*. È in quest'ottica che la possibilità di cancellare o mantenere dei contenuti sfugge al controllo di una società privata sui propri prodotti. Se una piattaforma che fornisce

---

[233] Per un approfondimento relativo agli *"standard della comunità"* ci si riferisca in questa sede al prossimo capitolo

[234] In riferimento si veda il punto 26 della ordinanza relativa alla causa iscritta al n. 80961/19 del Tribunale di Roma

passivamente contenuti come può essere Netflix[235] è legittimata a decidere quali film accettare sulla piattaforma, questo sembra non valere più se oltre a fornire i contenuti si ravvisa una importante **interazione tra gli utenti** che sono in grado di proporli autonomamente. È da osservare, inoltre, che la Corte **non** entra nel **merito** della lesività dei contenuti bloccati dicendo, però, che non è presente alcuna rilevanza penale rispetto alla pubblicazione degli stessi poiché "*le normative esaminate in nessun caso sanzionano la mera manifestazione del pensiero ma fanno riferimento a condotte di diversa gravità ed intensità che presentano connotazioni ulteriori*"[236]. In definitiva la corte decide anche alla luce delle libertà costituzionali inviolabili come la libertà di espressione (art. 21 della Costituzione), la libertà di associazione (art. 18 Cost.) e l'obbligo di pluralità (art.49 della Costituzione). La decisione prevede che la piattaforma *social* debba riattivare le pagine disattivate e, conseguentemente, restituire i contenuti che sono stati nascosti. C'è da dire che la situazione è attualmente ancora in divenire poiché Facebook ha proposto un reclamo contro la decisone, non volendo nuovamente pubblicare le pagine in questione. Il tribunale civile ha respinto il ricorso condannando anche Facebook al pagamento di 12 mila € di spese legali[237]..

In merito alla vicenda giudiziaria appena descritta è anche necessario porre l'accento sulla possibilità che è stata dimostrata di diminuire la visibilità di alcuni contenuti in base alla scelta della piattaforma su cui essi sono ospitati. Un celebre caso può essere ravvisato nell'*Adpocalypse*. Questo neologismo è l'unione delle parole inglesi *advertising* (spesso abbreviato con *ad)* cioè pubblicità e *apocalypse* cioè apocalisse. Il

---

[235] Netflix è un sistema di streaming *online*. La piattaforma acquista i diritti per la trasmissione di film e serie tv tramite internet oppure produce alcuni contenuti essa stessa. In cambio di un canone mensile l'utente finale può visualizzare i video disponibili sulla piattaforma senza limiti.

[236] In riferimento si veda il punto 24 della ordinanza relativa alla causa iscritta al n. 80961/19 del Tribunale di Roma

[237] Questa decisione giunge ad ulteriore riprova del fatto che qualunque decisone privatistica, anche accettata consapevolmente come possono essere le condizioni contrattuali e di servizio, non è per nulla superiore alle leggi nazionali il cui interesse prevale nel caso in cui vi sia in contrasto. È anche opportuno dire che l'accettazione delle regole poste dalla piattaforma è necessaria per l'utilizzo della stessa che altrimenti verrebbe automaticamente bloccato. I termini spesso si presentano come molto lunghi e di difficile lettura per soggetti che non hanno competenze giuridiche specifiche e questo porta la maggioranza della popolazione ad accettare gli stessi senza darvi lettura.

termine si riferisce ad un periodo che inizia durante il mese di maggio 2017 in cui la piattaforma di contenuti *online* YouTube ha iniziato a rimuovere le pubblicità dai video di alcuni produttori di contenuti che, come già spiegato, utilizzavano la piattaforma per lavorare. Su tale piattaforma non sono presenti, infatti, solo contenuti amatoriali ma sempre più spesso si possono trovare produzioni esclusive di documentaristi affermati, corsi tenuti da esponenti di spicco dei settori più vari, docenti eccetera. Tali soggetti venivano remunerati esclusivamente tramite le pubblicità visualizzate dagli utenti durante la visone dei video stessi. Poiché le pubblicità venivano assegnate in modo automatico ai creatori di contenuti più virtuosi (cioè con più tempo di visualizzazione da parte degli utenti), alcuni investitori ed altri soggetti privati hanno osservato come alcune pubblicità venissero affiancate a dei contenuti controversi come, ad esempio, video del *sedicente stato islamico* (ISIS). Deve essere sottolineato che le pubblicità non erano legate al contenuto poiché la pubblicità di Google[238] si basano sugli interessi degli utenti. Un soggetto che vuole pubblicizzare il proprio prodotto paga la piattaforma in base al numero di utenti che vuole raggiungere e sarà poi la società informatica stessa a posizionare lo spot dove lo ritiene più interessante per l'utente finale che deve visualizzarlo. Guardando lo stesso contenuto controverso, quindi, due utenti diversi avrebbero quasi certamente visto pubblicità di società diverse in base al loro interesse supposto da un programma in modo automatico senza che nessun operatore decidesse l'affiancamento tra video controverso e spot pubblicitario. Poiché parte dei proventi delle pubblicità visualizzate vengono versati al produttore di contenuti per invogliarlo a produrne di simili, tali pubblicità in alcuni casi hanno finanziato indirettamente dei produttori controversi (ad esempio di pedopornografia, terrorismo ecc.). Gli investitori, spaventati dal possibile danno di immagine causato dall'essere associati dagli utenti ai contenuti illeciti, decisero di minacciare la piattaforma di smettere di utilizzare Google per i propri annunci. Questo portò la piattaforma YouTube a bloccare la possibilità di *monetizzazione* (cioè di poter ottenere denaro dallo specifico contenuto) sia dei video

---

[238] Che è la società che detiene YouTube

contenenti realmente espressioni d'odio sia dei video contenenti opinioni politiche o sociali. Questo è avvenuto poiché i sistemi automatici (chiamati *algoritmi*) preposti alla identificazione dei contenuti lesivi non sono in grado di distinguere tra un video lesivo ed un altro che parla di lesioni[239] Paragonando lo stesso sistema ai *media* classici l'esempio più prossimo riguarda un canale televisivo dedicato integralmente alle informazioni di attualità ed ai dibattiti (come può essere *Rai News* o *Sky Tg24*) cui non sia più concesso, senza preavviso, di ottenere denaro dalle pubblicità. Questo ha fatto emergere il problema, che nei prossimi anni diventerà sempre più centrale, della reale capacità di un sistema automatico di identificare un contenuto lesivo da un altro legittimo. In questa sede è interessante osservare la condotta della piattaforma YouTube. In base ad alcune regole, le sanzioni previste dalla piattaforma possono essere varie e spaziano dalla non possibilità di *monetizzare* il contenuto pubblicato alla completa rimozione dello stesso.

È bene analizzare le questioni in modo specifico poiché conducono a due conclusioni diverse dal punto di vista giuridico.

Nel caso della *de-monetizzazione*, alcuni creatori di contenuti hanno dubitato della legittimità della decisione in quanto non permetterebbe la reale concorrenza tra i soggetti. Poiché YouTube stesso è, inoltre, creatore di alcuni contenuti, taluni potrebbero ravvisare anche un abuso di posizione dominante per sfavorire dei possibili concorrenti. Tale pratica è vietata dall'art. 102 del Trattato sul funzionamento dell'Unione Europea (TFUE) che esplicitamente dispone che sia " *[...] vietato [...] lo sfruttamento abusivo da parte di una o più imprese di una posizione dominante sul mercato interno o su una parte sostanziale di questo*". Un problema simile si rileva anche in un altro celebre caso che ha visto contrapporsi grandi aziende tecnologiche come Telegram e Apple. La società di messaggistica gratuita Telegram, infatti, ha accusato Apple di concorrenza

---

[239] Ad esempio non viene distinto se si stia parlando di ISIS in modo informativo (spiegando lo stato di avanzamento della Guerra in Siria) oppure se si stia inneggiando al terrorismo del sedicente stato islamico. Un problema simile si ha con i contenuti inerenti razzismo ed estremismo in generale

sleale[240]. Il fatto si inserisce nella più ampia lotta che si sta svolgendo tra colossi della tecnologia. Apple, infatti, per ogni pagamento effettuato tramite la propria piattaforma trattiene il 30% del denaro che vi transita come commissione rendendo, secondo la controparte, impossibile la formazione di realtà concorrenziali ed alternative[241].

Quanto detto conferma che è di fatto impossibile (o comunque molto difficile) allo stato attuale della tecnologia costituire una piattaforma realmente concorrente con società come Apple, Facebook e Google poiché esse dispongono di molte più risorse e tale differenza non è colmabile nel breve periodo. Bisogna notare che la forza delle società appena citate non è comparabile ad una grande azienda di altri settori (come la moda, ad esempio) che legittimamente usano i profitti ottenuti per generarne di maggiori. In questo caso, infatti, si sta trattando di piattaforme in cui sempre più spesso i soggetti esprimono le **proprie opinioni** e con cui gestiscono molte delle proprie incombenze quotidiane. Il fatto che non esista un concorrente dalla pari forza e la stessa forma dei *social* come mezzi di comunicazione che li ha resi in molti campi ormai imprescindibili per lo svolgimento delle proprie relazioni rende difficile pensare che sussista ancora la possibilità arbitraria delle piattaforme di rimuovere totalmente il contenuto indesiderato poiché questo potrebbe causare un reale problema democratico.

Nel caso della rimozione, infatti, non ci si ritrova più di fronte unicamente alla scelta di non pagare più determinati creatori di contenuti. Se nel caso della scelta di escludere alcuni creatori di contenuti dai guadagni, per quanto discutibile, si riferisce principalmente all'ambito privatistico, nel caso della rimozione l'azione diventa molto più delicata. Tale condotta, infatti, influisce direttamente sulle garanzie di libera

---

[240] A questo proposito si veda l'articolo del quotidiano online hdblog.it nell'articolo "*Anche Telegram si scaglia contro Apple per concorrenza sleale*" del 30 luglio 2020 ed il documento emesso tramite la propria piattaforma di pubblicazione istantanea (telega.ph) da parte della società Telegram che titola "*7 Myths Apple Is Using to Justify Their 30% Tax on Apps*", scritto da Pavel Durov il 27 luglio 2020 e disponibile al link telegra.ph/7-Myths-Apple-Is-Using-to-Justify-Their-30-Tax-on-Apps-07-27

[241] La problematica è stata ritenuta di grave importanza anche dal Congresso degli Stati Uniti d'America che ha chiamato durante il mese di giugno 2020 i responsabili di Facebook, Google, Apple e Amazon a rispondere del supposto abuso di posizione dominante
Per approfondire la questione ed in riferimento a quanto detto si veda l'articolo "*Tech giants Facebook, Google, Apple and Amazon to face Congress*", di James Clayton, BBC news (bbc.com)

espressione di uno Stato. La così grande influenza dei *social* porta tali soggetti a poter influenzare il voto, avendo la possibilità anche di favorire o sfavorire un candidato in base alle proprie esigenze. È quindi chiaro che la libertà di espressione si contrappone alle decisioni di una società privata che può decidere di perseguire i propri interessi anche tramite un sistema di rimozione dei contenuti il cui funzionamento in larga parte non è noto al pubblico[242]. Se da un lato, quindi, bisogna porsi domande circa la legittimità o meno di una censura di alcuni contenuti in base a regole decise in modo privatistico, dall'altro lato deve anche essere approfondita la questione relativa a possibili influenze esterne nelle procedure di voto tramite il finanziamento di massive campagne di odio *online* che, attualmente, non possono essere limitate se non minimamente dalle disposizioni del diritto.

È bene anche menzionare la problematica costituzionale che si rileva nella possibilità di interferenze interne ed estere nello svolgimento delle elezioni strategiche a livello globale tramite contenuti di odio e *fake news* (quindi contenuti diffamatori). Noto è il caso delle presunte interferenze russe nella campagna elettorale americana[243]. Da notare

---

[242] Se si ipotizzasse, infatti, che uno dei grandi esponenti delle piattaforme si candidi alle successive elezioni (La supposizione non è inverosimile ed in proposito si veda l'articolo "*I tre indizi per cui sarà Zuckerberg l'anti-Trump*" di Riccardo Luna, Agenzia AGI, 19 gennaio 2017) si creerebbe un grave problema relativamente alla possibilità di espressione democratica. Analogamente, una *big company* che volesse avvantaggiare un partito politico rispetto ad un altro potrebbe cancellare i contenuti del concorrente semplicemente modificando alcune linee della programmazione del sistema (che **non** è pubblica) o, più facilmente, basterebbe modificare i *termini* e le *condizioni* per fare catalogare il contenuto come *discorsi di odio*. A poco servirebbe agire legalmente a tutela dei propri interessi poiché, anche nell'improbabile caso in cui si riesca a provare tale lesione, lo svolgimento corretto delle elezioni sarebbe compromesso.

[243] Corretto è utilizzare il termine *presunte* poiché le indagini sono ancora in corso e coinvolgono sia enti di sicurezza nazionale americana interni ed esterni (FBI, CIA ecc.) sia anche enti internazionali. Questo giunge ad ulteriore conferma di quanto sia laborioso risalire ad alcune tracce informatiche soprattutto se opportunamente celate da professionisti del settore. L'accusa mossa da alcuni enti di controllo degli Stati Uniti d'America è, come detto, quella che alcune entità riconducibili al sistema russo abbiano utilizzato denaro e espedienti tecnici per incentivare la diffusione di messaggi lesivi.
In riferimento a questo caso e per approfondire la questione si vedano gli articoli "*C'è un nuovo rapporto sulle interferenze russe nelle elezioni statunitensi. Lo ha diffuso in anteprima il Washington Post: conferma il coinvolgimento della propaganda russa nelle presidenziali del 2016 e le reticenze di Facebook e gli altri*" de Il Post, 17 dicembre 2018, autrice o autore non indicati

è che questo tipo di azione, se confermata, non avrebbe precedenti nella storia politica e giuridica moderna. Nel caso della *campagna telematica*, a differenza di quella *analogica*, ci si trova infatti di fronte a *account* di enti del tutto slegati con il governo di riferimento o con un partito politico in particolare che, apparentemente esprimendo una opinione come privati, pubblicano sulle piattaforme *social* un contenuto che viene poi rilanciato da ingenti somme ricevute da canali esterni che possono essere riconducibili a enti che vagamente sono connessi con uno stato estero. È estremamente raro poter rintracciare dei passaggi di denaro diretti tra partiti e *odiatori* e ciò rende molto difficile rintracciare la legittimità o meno di un certo contenuto. Tale problematica pone ancora una volta a confronto il diritto a cancellare determinati contenuti (di odio, diffamatori, razzisti ecc.) da parte delle piattaforme e la libertà di espressione. A ciò si aggiunge anche un altro aspetto cioè l'individuazione dei contenuti che di per sé sarebbero legittimi ma che sono, invece, la manifestazione di tentativi di ingerenza non legittimi nelle elezioni democratiche. Tali ingerenze, come detto, non possono essere identificate facilmente anche per la natura stessa dei *social* che sono dislocati legalmente in altri stati talvolta esterni all'Unione Europea in base alla posizione dei *server*[244]. Le piattaforme, tra cui spicca ancora una volta Facebook, sono state anche accusate di fornire poca trasparenza riguardo alla provenienza dei fondi che finanziano le campagne di cui si è parlato. Questo ha anche dato vita alla campagna *Stop Hate For Profit* (letteralmente traducibile con *Ferma l'Odio Per Profitto*). La campagna messa in atto consta di un coordinamento tra soggetti della società civile ed alcune aziende che mira a fare rimuovere i contenuti d'odio a Facebook e altre piattaforme. Poiché queste società basano il loro modello di

---

E "*La Russia sta già interferendo nella campagna elettorale americana per favorire Trump. Ne sono convinte le stesse agenzie di intelligence americane, che lo hanno comunicato al Congresso facendo arrabbiare il presidente*" de Il Post, 21 febbraio 2020, autore o autrice non indicati
Si noti che in passato i tentativi di *influenzare* le elezioni sono sempre stati facilmente riconducibili (ufficialmente o solo da parte dei Media) ad enti governativi o terroristici(Si pensi, ad esempio al colpo di stato iraniano del 1953 (Operazione Ajax), alla Invasione della baia dei Porci del 1961 contro Cuba oppure al finanziamento del PCI da parte di Mosca
In riferimento a quest'ultimo caso si veda l'articolo "*In questo modo Mosca finanziava il Pci*" di Antonello Caporale, La Repubblica, 12 ottobre 1999).

[244] Cioè le macchine sulle quali sono memorizzati i contenuti.

business sulla pubblicità, i promotori della campagna chiedono alle aziende di togliere i propri *spot* dalle piattaforme che ritengono responsabili (lasciandoli di fatto senza soldi) fino a che i *siti* non avranno implementato sistemi migliori di contrasto all'odio *online*. Sebbene questo sia un nobile intento è improbabile che le società informatiche implementino i sistemi di contrasto all'odio richiesti. Vista la mole di dati presenti su piattaforme simili è, infatti, molto difficile fare una stima efficace circa il reale messaggio dei contenuti pubblicati poiché tale analisi dovrebbe molto probabilmente, allo stato dell'avanzamento tecnico attuale, essere svolta manualmente. Analogamente risulta molto difficile per le piattaforme informatiche costituire un sistema che combatta efficacemente i crimini d'odio senza al contempo cancellare qualunque contenuto leggermente controverso (come un telegiornale). Quanto affrontato fino ad ora fa emergere che le problematiche specifiche dell'ambito informatico sono state affrontate solo marginalmente fino ad ora e che, nei prossimi anni, dovrà avvenire un cambiamento radicale in materia causato dalle nuove tecnologie in relazione soprattutto alle modalità di contrasto delle manifestazioni di *hate speech* che si possono trovare *online* ed in particolare sulle piattaforme *social*.

Quanto esposto fino ad ora ha dimostrato che negli *hate crime* ed in particolare nell'*hate speech* **online** è possibile ravvisare alcuni caratteri tipici che li rendono diversi dalle altre manifestazioni d'odio ravvisabili nei mezzi più *tradizionali*. È necessario ora riprendere quanto detto nel capitolo 1 in riferimento alla percezione del reo rispetto all'atto. Chi compie *hate speech online* ritiene tali azioni come condotte di poco conto, scollegate dalla vita *reale* e per questo senza conseguenze (arrivando in alcuni casi a chiamarli addirittura *atti goliardici*). Un fatto recente è quello del calciatore Davide Castagna e della ministra Teresa Bellanova. Il calciatore, infatti, ha pubblicato sulla propria *pagina* Facebook alcune offese sia in relazione all'operato politico sia connesse al sesso della ministra. Come riportato dal giornale Il Giorno, Castagna ha dichiarato di essere pentito di quanto ha fatto e che spera che l'esperienza *lo faccia «maturare sul* *ruolo pericoloso dei social e sulla superficialità con cui li usiamo»*[245]. Questo ennesimo caso porta ancora una volta l'attenzione sul mondo *virtuale* percepito come astratto in quanto lo sportivo non aveva considerato possibile che una frase espressa tramite un *social* conducesse a delle conseguenze *reali*. Ai fini del ragionamento devono essere considerati due aspetti. Il primo riguarda strettamente la legittimità della punizione dell'*hate speech online*. Il secondo deve considerare la proporzionalità tra odio *online* e sanzione. In relazione a questo secondo punto, infatti, deve essere analizzata anche la **percezione** della condotta da parte del reo. La proporzionalità della pena costituisce un punto di analisi fondamentale per il legislatore[246], che deve *predisporre un trattamento sanzionatorio adeguato al reato descritto*. È importante sottolineare come la gravità dipenda in alcuni casi dalla *intentio doli*. Nelle leggi affrontate per il contrasto alle forme di **razzismo**, ad esempio, uno degli elementi fondanti è certamente la **volontarietà** di compiere azioni riconducibili alla apologia di razzismo, fascismo ecc. Tale volontà non è invece rilevante ai fini della configurazione del reato di **diffamazione** che prevede semplicemente che il soggetto renda effettiva la comunicazione[247] . . Questo porta a comprendere come anche nel caso di una diffamazione che sia data soltanto dalla superficialità o dal desiderio di creare una notizia *sensazionalistica* il reato si configuri nello stesso modo. Questo toglie ogni dubbio sulla legittimità di una punizione per condotte che effettivamente siano dannose. Si deve osservare, infatti, che il danno alla vittima è rilevante e che, come già è stato detto, l'onore e la reputazione della vittima siano considerati di massima importanza per l'ordinamento giuridico italiano. A ciò si aggiunge anche il fatto che le pene comminate non sembrano sproporzionate sia in relazioni al danno, sia in relazione alle altre pene previste. Deve essere, inoltre, evidenziato come in relazione agli attacchi informatici, il Parlamento europeo abbia nel

---

[245] In riferimento si veda "*Civate, insulti sessisti alla ministra Bellanova: il giocatore chiede scusa*", Il Giorno, 11 maggio 2020, autore non riportato

[246] Si veda Il principio di proporzionalità della pena nel disegno della Corte Costituzionale di Ilaria Grimaldi, Giurisprudenza Penale, 6 maggio 2020

[247] E che non prescrive nulla riguardo alla volontà stessa

2013[248] chiesto agli Stati membri di mettere in atto tecniche repressive più severe ed abbia evidenziato la assoluta necessità di affrontare le questioni relative ai crimini *online* con maggiore tempestività. È bene anche osservare che, in funzione della particolarità dell'*hate speech online,* si rivela opportuno affidare al libero apprezzamento del giudice la decisione della pena più adatta.

Dal punto di vista sanzionatorio è da osservare anche che **idealmente** la pena migliore potrebbe individuarsi nell'affidamento del reo allo svolgimento di **lavori utili per la collettività** in forme che lo mettano in diretto contatto con i soggetti che ha danneggiato. Questo, infatti, lo aiuterebbe a comprendere il valore sociale dei soggetti lesi.

Al fine di determinare la pena più idonea alla rieducazione deve essere osservato l'*animus del reo* da un punto di vista criminologico. Come appurato, spesso i soggetti che causano una lesione tramite atti di *hate speech*, in particolare *online*, *non* lo fanno *volontariamente* ma unicamente in un momento di espressione della rabbia o di forte frustrazione. Ciò **non** giustifica l'azione compiuta (che, al contrario, che deve essere condannata e punita anche a fronte della sua elevata lesività) quanto, piuttosto, porta ad osservare che sia necessario svolgere azioni di **sensibilizzazione** del reo al fine di evitare il reiterarsi di tali condotte. L'ampia diffusione del fenomeno porta, infatti, a chiedersi se la pena detentiva, la multa o l'ammenda siano sanzioni utili realmente a disincentivare la condotta (sia con funzione sia *social-preventiva* che con funzione *general-preventiva*) ed a rieducare il condannato. Alcuni sistemi alternativi alla pena detentiva (come l'affidamento a lavori socialmente utili) sono in alcune forme **già a disposizione** dei giudici competenti e dovrebbero **idealmente** essere utilizzate con maggiore frequenza nel contrasto ai nuovi fenomeni di odio. La reale applicazione, tuttavia, deve essere lasciata al giudice che svolgerà una valutazione della applicabilità in concreto della misura come già avviene.

---

[248] In proposito si consulti sul sito web del parlamento europeo (*europarl.europa.eu*) il comunicato stampa «*Attacchi informatici: il Parlamento approva sanzioni più severe a livello UE*» del 4 luglio 2013

c. Le soluzioni attuate dalle piattaforme online e gli accordi tra piattaforme e istituzioni pubbliche

Come già precedentemente accennato è ora necessario analizzare il duplice aspetto relativo alle piattaforme private di cui fino ad ora si è parlato. La tutela offerta supera l'ambito della legislazione statale in generale e della legge penale in particolare. Essa è rilevante, però, alla luce di quanto detto fino ad ora ed evidenzia la necessità di un diritto integrato per garantire una effettiva tutela dalle particolari figure di reato fino ad ora descritte.

In primo luogo si affronteranno le disposizioni e gli accordi tra enti pubblici ed enti privati. In particolare, estrema rilevanza avrà il codice di condotta sottoscritto da alcune società informatiche con l'Unione Europea. Si analizzeranno gli impegni delle società private e l'effettività delle disposizioni fino ad ora adottate. In secondo luogo verranno analizzate le disposizioni interne del più utilizzato motore di ricerca, Google, e di alcuni *social network* tra cui Facebook in materia di contrasto all'*hate speach*. La trattazione dovrà vertere direttamente sui testi dei regolamenti adottati, che spesso sono disponibili unicamente in lingua inglese; tuttavia, per maggiore comprensibilità nella lettura, essi saranno tradotti.

I. il codice di condotta tra piattaforme e Unione Europea

Al fine di lottare contro *le forme illegali di incitamento all'odio online* alcune società si sono impegnate ad adempiere ad alcuni obblighi decisi in accordo con l'Unione Europea. Le società informatiche sono le stesse che partecipano anche al *Forum dell'UE su internet* e sono Facebook, Microsoft, Twitter e YouTube. È qui interessante la scelta fatta da Google. YouTube, infatti, è una società di condivisione di video *online*[249]

---

[249] In riferimento alla portata strategica della società si pensi che ad un solo anno dalla sua fondazione, YouTube venne acquistato da Google per 1,65 miliardi di dollari
In riferimento si veda «*Google acquista YouTube per 1,65 miliardi di dollari*», Repubblica.it, 9 ottobre 2006, autore sconosciuto

fondata nel 2005 e di proprietà di Google dal 2006 [250].. Il codice di condotta risale al 31 maggio 2016 ma, nonostante la acquisizione di YouTube da parte di Google fosse già ultimata, l'accordo con l'Unione Europea non è stato firmato dalla intera società (Google) che comprende anche il famoso motore di ricerca ma solo dalla *parte* di essa che si occupa dei video (YouTube). Questo esclude che il rispetto del codice di condotta sia dovuto da altre divisioni della società Google come il motore di ricerca (Google) ed altre piattaforme (come il Play Store di Android) sebbene esse spesso rispettino volontariamente gli stessi impegni.

Nella prima parte del Codice viene utilizzata la formulazione delle decisioni della Commissione europea (citate in precedenza. Tra le disposizioni figura la decisione 2008/913/GAI del 28 novembre 2008, che è stata emanata proprio per il contrasto ai fenomeni di razzismo e xenofobia. è rilevante come venga intesa la presenza di una "responsabilità collettiva" di piattaforme e operatori sociali. Nello specifico, viene riconosciuto che «*le organizzazioni della società civile hanno anch'esse un ruolo fondamentale da svolgere per prevenire la diffusione dell'odio online facendosi portatrici, anche tramite attività di sensibilizzazione, di narrazioni alternative che promuovano la non discriminazione, la tolleranza e il rispetto*». Fino ad ora era lo Stato che fungeva da garante per le questioni di carattere sociale, chiedendo la collaborazione di altre istituzioni o soggetti (come i docenti, le famiglie ecc.). Ora, invece, gli Stati e le società private collaborano per il raggiungimento del medesimo obiettivo. Si potrebbe addirittura sostenere che, alla luce di quanto visto fino ad ora, senza una collaborazione da parte delle società private le leggi sarebbero destinate ad essere inefficaci mentre

---

[250] Per maggiore chiarezza si parlerà di Google come società tuttavia Google stessa appartiene ad Alphabet inc., una società creata *ad hoc* con compagnia *di punta* proprio Google ma che possiede anche altre società

Ci si riferisca all'articolo del Business Insider «*All the companies and divisions under Google's parent company, Alphabet, which just made yet another shake-up to its structure*» di Avery Hartmans e Mary Meisenzahl del 12 febbraio 2020.
Si noti che la struttura di Alphabet è molto varia e si divide in tre tipi di quote azionarie. Una è riservata alle quote per i dipendenti, i fondatori ed i collaboratori di Google (Larry Page e Sergey Brin e presidente Eric Schmidt) e quindi non quotata in borsa. Ci si riferisce ad esse come azioni *classe B* e il loro voto vale il 60% del totale. Le altre due sono quotate in borsa. Le azioni GOOG (classe c) non hanno diritto di voto mentre le azioni GOOGL (classe a) hanno diritto di voto. Attualmente il loro valore in borsa è molto simile.

senza le leggi le società informatiche con attività private *smaterializzate*[251] potrebbero comunque operare spostando, ad esempio, ogni loro rappresentanza legale all'estero. Questo rende fondamentale analizzare quali siano gli impegni assunti dalle piattaforme. Il primo punto affrontato riguarda la **tempestività** nella reazione ai contenuti d'odio. Affinché la risposta all'odio *online* sia funzionale, infatti, serve un'azione tempestiva che porti a limitare la diffusione del messaggio. È interessante il modo in cui la questione relativa alla limitazione dei contenuti d'odio viene affrontata. Molto spesso, infatti, quando viene trattata la tematica relativa ai contenuti di *hate speech* o di terrorismo, razzismo ecc. si avanza l'ipotesi della implementazione di un *filtro pre-upload*. Una delle ultime volte in cui esso è stato discusso all'interno della stampa specialistica è stato in occasione della approvazione del GDPR cioè il Regolamento Generale sulla Protezione dei Dati (Il General Data Protection Regulation) dell'Unione Europea nel 2018. In quella occasione, infatti, in molti avevano osservato la possibilità che alcuni articoli del regolamento UE (ed in particolare l'art. 17 relativo alla possibilità di cancellare alcuni documenti dalla rete) fossero utilizzati per censurare i contenuti. L'azione di protesta per la proposta di legge (ora legge con voto contrario dell'Italia) aveva mosso molti soggetti della società civile presenti su internet ed aveva dato vita alla campagna *Save Your Internet* appoggiata anche da Google[252]. Il timore era infatti correlato alla possibilità che venisse attivato un filtro *pre-upload* (chiamato anche filtro dei caricamenti) Che permetterebbe, almeno in teoria poiché non è mai stato testato su

---

[251] Amazon non è tra queste, ad esempio, ma servizi come Facebook lo sono. Sono le società, cioè, che possono svolgere la loro attività totalmente *online*

[252] In riferimento si veda come approfondimento l'articolo «*Copyright Filters Are On a Collision Course With EU Data Privacy Rules*» di Rossana Ducato, Electronic Frontier Fundation, 3 marzo 2020
E saveyourinternet.eu, il sito web della campagna citata
Ed anche il comunicato stampa "*The final version of the EU Copyright Directive is an improvement, but we remain concerned. Article 17 (formerly Article 13) could still have unintended consequences that may harm Europe's creative and digital economy*" di YouTube.

Nonché il video sulla piattaforma di YouTube «*YouTube potrebbe chiudere. #SaveYourInternet*» di FavijTV (*YouTuber* con 5,85 milioni di iscritti) al fine di dimostrare da un punto di vista esemplificativo il forte coinvolgimento della comunità internet

larga scala, di controllare in modo preventivo tutti i contenuti caricati su una piattaforma al fine di rimuovere le violazioni di *copyright* e le manifestazioni di *hate speech* o di altri reati. Ciò che sembra la soluzione ideale è invece estremamente pericoloso oltre che irrealizzabile. È pericoloso perché il filtro deve essere programmato e spesso nella programmazione si incorre in errori. Il controllo e la rimozione, infatti, verrebbe svolto da sistemi che *imparano* utilizzando degli *esempi* forniti a priori. Se tali modelli sono errati o imprecisi anche l'azione dei programmi sarà imprecisa. Chiunque abbia il controllo della programmazione dei filtri potrebbe censurare liberamente alcuni contenuti legittimi. A ciò si aggiunge il fattore relativo all'alto costo dell'infrastruttura che imporrebbe alle nuove aziende o ad indebitarsi e fallire o ad utilizzare il servizio di società già consolidate creando, di fatto, dei monopoli. Il sistema è tecnicamente irrealizzabile anche perché ogni minuto su una piattaforma come YouTube appaiono 300 nuove ore di video (432000 ore al giorno) e l'analisi in tempo reale dell'intero contenuto richiederebbe un sistema tecnologicamente oggi non sostenibile. Il sistema che viene applicato per la verifica dei contenuti del copyright, infatti, è molto diverso e si basa su dei campionamenti del sistema, per lo più su un *identificativo* (un *"DNA digitale"*) di ogni file[253]. Lo stesso sistema non può purtroppo essere applicato anche nei casi di *hate speech* poiché questo porterebbe alla eliminazione di contenuti idonei (come notiziari che trattano di tematiche sensibili) e, invece, lascerebbe inalterati molti dei contenuti lesivi che potrebbero semplicemente usare dei messaggi allusivi o nascondere le parole identificate come lesive, lasciando in alterato il contenuto che si vuole combattere (ad esempio la parola "Mussolini" potrebbe semplicemente diventare "Mu55Olini").

È quindi necessario chiedersi come si possa garantire la tempestività nella azione di risposta ai contenuti di *hate speech*, rimuovendoli ma al contempo preservando le prove al fine di una possibile e futura azione penale.

In proposito, gli impegni pubblici sono divisi nel codice attraverso dei punti. Il primo riguarda una funzione preventiva delle *policy* e cioè delle regole interne. Le aziende si

---

[253] In riferimento si veda «*How Content ID works*» disponibile alla pagina web del supporto Google in lingua inglese (support.google.com)

impegnano, infatti, a **predisporre** «*regole o orientamenti per la comunità degli utenti volte a precisare che sono vietate la promozione dell'istigazione alla violenza e a comportamenti improntati all'odio*». Con questa decisione si vuole quindi agire non tanto sul piano tecnico quanto piuttosto sulla sensibilizzazione dei cittadini. Taluni potrebbero affermare che è possibile disattendere le regole senza avere ripercussioni poiché protetti dall'anonimato ma la stessa regola dice che, dopo la segnalazione i contenuti verranno *rimossi o ne verrà disabilitato l'accesso*. Questa misura, tuttavia, non spiega le misure messe in atto per l'adozione di tale comportamento. La seconda regola pone l'attenzione sulle modalità di analisi delle segnalazioni. Una volta ricevute, infatti, esse devono essere analizzate da **squadre specializzate** alla luce della decisione quadro **2008/913/GAI** e delle **regole della comunità**. Diventa necessario, cioè, verificare se i contenuti segnalati violino tali norme. È da evidenziare come il gruppo di esperti agisca a seguito di una segnalazione e non analizzi, quindi, tutti i contenuti caricati. Sono poi da evidenziare due aspetti. In primo luogo non si chiarisce come e da chi siano formate le squadre specializzate. Sarebbe auspicabile che le squadre fossero formate da soggetti con conoscenze sia giuridiche che informatiche vista la particolarità e la trasversalità della problematica da affrontare. Se la conoscenza fosse solo tecnica, infatti, i soggetti potrebbero mettere in secondo piano le norme soffermandosi solo sulla fattibilità tecnica. Vi sono alcune operazioni, infatti, che sebbene siano realizzabili dal punto di vista tecnico non sono auspicabili, anche al fine di proteggere la società informatica in questione da possibili querele. Una delle azioni possibili potrebbe essere la cancellazione del profilo della persona segnalata. Questo certamente bloccherebbe una possibile lesione ma solo momentaneamente, poiché il soggetto potrebbe riprodurre lo stesso contenuto con altri *profili* Non è raro, inoltre, che molti soggetti avversi soprattutto in ambito politico si organizzino al fine di inviare una serie di segnalazioni al fine di far rimuovere un contenuto lecito ma non gradito. Se l'eliminazione fosse basata solo sul numero di segnalazioni ci si esporrebbe alla rilevante possibilità che tale funzione venga usata impropriamente. È pertanto opportuno che la decisione venga svolta dopo una attenta valutazione.

Se il gruppo fosse formato solo da giuristi, invece, si rischierebbe di avere dei soggetti estremamente formati dal punto di vista teorico ma poco efficaci. Essi, infatti, potrebbero ordinare a dei *tecnici generalisti* (cioè esterni al gruppo ed usati come meri esecutori) di compiere una rimozione di un profilo senza sapere che lo stesso profilo è stato vittima di una violazione (attacco di *hacking*) compiendo quindi una ulteriore lesione che si sommerebbe a quella già avvenuta. È necessario che tali soggetti, quindi, siano in stretta relazione al fine di evitare errori grossolani tuttavia, al fine di ottimizzare in termini di tempo e costi l'impegno preso, si potrebbe delegare il compito ad alcuni soggetti in grado di lavorare sia in team sia in modo autonomo nel caso in cui la mole di contenuti segnalati diventi più alta, come in caso di elezioni. Non ottimizzare o ampliare questo gruppo significherebbe dover necessariamente delegare il ruolo ad una macchina causando le problematiche precedentemente esposti. Un problema che si solleva nei confronti della nascita del gruppo è quella che esso si erga a "*giudice e boia*" e che, cioè, compia sia la valutazione della reale lesività sia commini la pena senza possibilità per la persona accusata di difendersi. Questa osservazione meriterebbe una maggiore ricerca in riferimento al possibile bilanciamento tra i due interessi. Tale ricerca dovrebbe basarsi su una stretta relazione con le società informatiche al fine di individuare meglio il funzionamento dei gruppi appena descritti ed individuarne le vulnerabilità. Le piattaforme, infatti, non dovrebbero poter cancellare o oscurare profili e contenuti senza un controllo. Ciò tuttavia dovrebbe anche essere bilanciato con la possibilità di tutelare in tempi effettivamente brevi la vittima e tale azione sarebbe quindi incompatibile con i tempi della giustizia italiana. Una soluzione che potrebbe essere posta dovrebbe certamente basarsi sulla *possibilità di appello* sia interno che esterno alla piattaforma. Il contenuto dovrebbe essere temporaneamente oscurato dando il tempo al soggetto di aprire una contestazione chiedendo la reintegrazione del contenuto. Da un punto di vista esterno, invece, dovrebbero essere formati dei giudici specializzati in queste tematiche a cui il soggetto censurato possa ricorrere dopo aver svolto l'iter della contestazione interna e che, sentite le parti, prendano una decisione. Il giudizio dovrebbe, nei limiti costituzionali, essere basato sul modello del processo civile poiché esso sarebbe meno dispendioso per lo Stato in quanto telematico e quasi totalmente in forma scritta. Questo sistema può sembrare una buona soluzione tuttavia ha una grave falla. Un sistema simile è già stato, infatti, implementato dalla piattaforma YouTube per quanto riguarda i sistemi di ricorso interno tuttavia, come detto, sono sempre di più i creatori di contenuti legittimi che svolgono questa attività come primo lavoro. Ciò comporta che, avendo una vasta folla di pubblico, talvolta abbiano anche delle persone contrarie alla idea espressa. Tali persone spesso segnalano il contenuto creando un "falso positivo" che dopo un controllo, automatico o manuale che sia, porta ad oscurare il contenuto o demonetizzarlo cioè lasciarlo visibile ma senza pubblicità. Il creatore di contenuti, una volta ricevuta la notifica della *sanzione* nei suoi confronti sporge ricorso interno vincendolo ma la conclusione avviene solo dopo molte ore o addirittura giorni. In quel lasso di tempo il contenuto (come, ad esempio, un servizio di attualità simile al telegiornale) non è più *attuale* diminuendo di molto o azzerando gli introiti possibili per l'autore. Anche una pre-approvazione di certi autori noti non sarebbe una soluzione funzionale se non temporanea poiché renderebbe questi soggetti vittima di continui tentativi di intrusione informatica. Questo porta a chiedersi quale possa essere la soluzione migliore poiché allo stato attuale bisogna bilanciare la legittima espressione con la tutela del soggetto debole. Una possibile soluzione potrebbe essere l'obbligo di identificazione tramite identità confermata simile allo *SPID (Sistema Pubblico di Identità Digitale)* pubblico unicamente nel caso in cui si voglia ottenere una *monetizzazione* del contenuto sulle piattaforme più note rendendo facile l'identificazione di un eventuale contenuto lesivo pubblicato da questi autori ma non bloccherebbe in ogni caso la diffusione dello stesso. Questo non risolverebbe certamente il problema dell'*hate speech* poiché è giusto che anche un soggetto non identificato possa esprimere la propria opinione ed anche perché rimarrebbe comunque esclusa dalla identificazione la pubblicazione di commenti e *post* non *monetizzati* o su siti web privati tuttavia renderebbe accettabile il blocco preventivo dei contenuti potenzialmente lesivi. Questo sistema dovrebbe essere messo in atto come misura di emergenza e solo in attesa di un netto miglioramento delle attività di riconoscimento svolte dalle *Intelligenze Artificiali*. Il secondo aspetto riguarda la rilevanza che viene attribuita alle regole della comunità. Esse, infatti, sono messe in questo punto del testo e per l'aspetto trattato quasi al pari della legge europea. Nel testo si dice infatti che la segnalazione verrà analizzata "alla luce delle regole e degli orientamenti da esse predisposti per la comunità degli utenti e, ove necessario, delle leggi nazionali di recepimento della decisione quadro 2008/913/GAI". In questo caso si comprende come l'intenzione del legislatore sia quella di creare un più agevole insieme di regole (le regole della comunità web) che debbano essere sia maggiormente comprensibili dagli utenti sia più facilmente consultabili nel caso in cui si debba decidere in base alla rimozione del contenuto. Potrebbe, però, essere mossa un critica a questo punto dicendo che così facendo la società potrebbe introdurre regole più restrittive rispetto a quelle nazionali. Ciò non solo è vero ma avviene già rispetto a tematiche ritenute sensibili ad esempio, come detto precedentemente, la nudità. Una polemica piuttosto recente circolata nelle *community web* riguarda la censura dei capezzoli (maschili e femminili) attuata dalla piattaforma Instagram. Tale polemica sembra di poco conto tuttavia solleva alcune problematiche importanti che sono esemplificative del complicato sistema di regole che si applica in collegamento alla rete. In primis deve essere detto che tale censura viene applicata dalla piattaforma proprietà di Facebook a causa di una limitazione imposta da Apple[254]. Facebook, infatti, pubblica i propri applicativi per cellulare (*app*) in luoghi protetti (*store*) da cui poi gli utenti potranno scegliere quelle che preferiscono. Lo *store* di Apple valuta le *app* in base all'età minima a cui possono essere utilizzate. Le regole perché la *app* di Instagram sia disponibile per i ragazzi al di sopra dei 12 anni impone che siano censurati tutti i contenuti offensivi (come, appunto, l'*hate speech*) e tutti i contenuti di nudo o allusivi. Rilevare un contenuto blandamente allusivo o un grave fenomeno di *hate speech* è una operazione molto difficile per il grado di intelligenza artificiale a cui si è giunti attualmente. Vi sono delle ottime possibilità che il miglioramento necessario avvenga in pochi anni (o addirittura pochi mesi soprattutto in relazione ai fenomeni di *hate speech)* ma il risultato è attualmente molto impreciso. È, invece, più semplice per un programma informatico

---

[254] In riferimento ala motivazione della censura e ad altre particolarità riportate si faccia riferimento all'articolo esplicativo del giornale Vice, "11 modi per postare i capezzoli su Instagram senza essere censurati
Le regole esistono per essere infrante." , Bettina Mangiaracina, 4 settembre 2017

rilevare e censurare una foto in cui siano presenti dei capezzoli. Le critiche sollevabili a tale azione sono almeno tre. In primis vengono censurate anche immagini di persone che hanno subito un intervento. Ad esempio un modello che posti la foto di una ferita al petto sarebbe censurato come anche una atleta che mostri i momenti preparatori ad una operazione di mastectomia al fine di sensibilizzare il pubblico. In secondo luogo vengono anche censurate immagini di allattamento al seno che, oltre a non avere nulla di scandaloso, potrebbero anche avere anche una forte utilità sociale in vari sensi come, ad esempio, sensibilizzare sulla possibilità di allattare i propri figli durante il lavoro. In ultimo l'accusa che è stata mossa soprattutto durante il periodo iniziale della pratica di censura è quella di sessimo poiché il sistema automatizzato cancellava maggiormente le foto dei seni rispetto al petto maschile. Tale *problematica* è stata in parte colmata manualmente ma molto dipende dai riferimenti che vengono dati al sistema automatizzato come modello per il riconoscimento del contenuto da eliminare. Se all'inizio i programmatori hanno dato alla macchina come modello unicamente foto di parti del corpo femminile è naturale che tale sistema sia sfasato. È bastato cioè che alcuni informatici, perché ricevuto l'ordine o per un pregiudizio personale, abbiano inserito un contenuto incompleto a modificare l'azione di un programma che passa al vaglio centinaia di foto ogni secondo. Questo ultimo punto dimostra come sia facile variare la condotta di sistemi automatici e come essi non possano attualmente essere la soluzione per forme ben più complesse del riconoscimento di una caratteristica del corpo umano e che si fondano sulla comprensione del complicato linguaggio umano come appunto nel caso dell'*hate speech*.

Il terzo punto della lista stilata nel codice di condotta riguarda le tempistiche di analisi delle segnalazioni. Le aziende si impegnano ad esaminare *"la maggior parte"* delle segnalazioni che ricevono entro 24 ore. Questo impegno può essere adempiuto con l'utilizzo di molte risorse umane o di sistemi elettronici. Per l'impiego di sistemi elettronici si è già visto quali potrebbero essere le problematiche. Per quanto riguarda le ampie risorse umane qualcuno potrebbe sollevare il dubbio che, dovendo analizzare un'ampia mole di dati, il controllo diventi più impreciso. Questa perplessità non è priva di fondamento. Anche dopo una approfondita ricerca è davvero difficile individuare informazioni attendibili su chi sia fisicamente da effettuare una verifica sui contenuti. Nella ricerca è possibile incontrare però articoli scritti da privati cittadini[255]. Alcuni lamentano addirittura che non siano state rimossi contenuti in cui si inneggia alla prostituzione minorile o al fascismo nonché che non vengano eliminati commenti del tenore di "eliminateli" (in riferimento ai terroristi di Nizza) e "meglio morte" (in riferimento alle ragazze Greta Ramelli e Vanessa Marzullo rapite in Siria). Alcuni utenti fanno notare come molto probabilmente piattaforme come Facebook rimuovano i contenuti in base al solo numero delle segnalazioni, senza verificarle. Seguendo tale pensiero, il sistema contro l'odio *online* non sarebbe altro che un mero "contatore di segnalazioni" pronto a rimuovere qualunque contenuto che raggiunga un numero limite di segnalazioni. Questa esagerazione è certamente inesatta poiché altrimenti i *profili utente* di personaggi di spicco nel mondo della politica sarebbero già stati più volte rimossi. Qualcuno, però, potrebbe obbiettare che quei profili sono ignorati dal sistema poiché appartenenti a soggetti famosi. Questo è certamente possibile e tale aspetto relativo ai sistemi di rimozione sia da un punto di vista tecnico che giuridico dovrebbe essere approfondito ulteriormente. Vista l'assenza di informazioni reperibili, chi scrive in **prima persona ha sperimentato** il sistema di rimozione di Instagram. È stato infatti chiesto a tutti gli utenti che visualizzassero un determinato messaggio di segnalarlo per *hate speech*. L'obiettivo era quello di creare un "falso positivo" con un *post* con una normale foto[256] di una ricercatrice sullo sfondo recante la scritta *"esperimento in corso: se vedi questo post segnalalo per hate speech. Grazie"*[257]. Nel caso in cui il contenuto

---

[255] È il caso dell'articolo «*Chi controlla le segnalazioni su Facebook?*» di Ernesto Pusceddu del 20 luglio 2020 sulla piattaforma Medium. La piattaforma è un luogo per ospitare pubblicazioni lunghe. È molto simile ad un giornale in cui tutti possono scrivere.

[256] La foto era disponibile con licenza libera tramite la piattaforma online Canva

[257] Il contenuto, del tutto innocuo e perfettamente legale, è stato poi manualmente rimosso dopo 24 ore al termine dell'esperimento

fosse stato rimosso si sarebbe anche visto il sistema messo in atto dal social che potrebbe, per esempio, segnalare i possibili risvolti legali di azioni di *hate speech*. C'è da dire che nello specifico caso il sistema del social ha agito molto bene non rimuovendo il contenuto. Non vi è modo di sapere se su di esso sia stata svolta una verifica manuale da parte di operatori umani o se sia stato controllato solo da macchine. Ovviamente, un esperimento su *piccola scala* non può sostituire una analisi di tipo generale che potrebbe, ad esempio, essere svolta con molti *profili* di età, sesso, professione ecc. differenti recanti reali contenuti di *hate speech* generati unicamente per svolgere l'analisi.

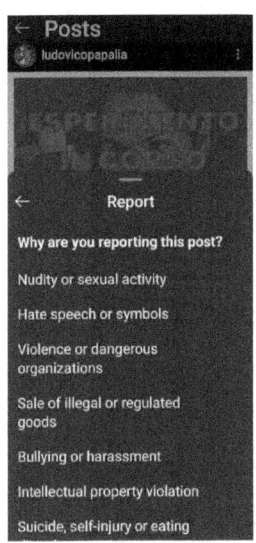

Il sistema di segnalazione dei contenuti messo a disposizione degli utenti di Instagram

Il quarto punto si riferisce alo svolgimento da parte delle piattaforme di una *"opera di educazione e di sensibilizzazione sulle tipologie di contenuti non autorizzate in base alle regole e agli orientamenti da esse predisposti per la comunità degli utenti"*. Questa previsione conferma quanto detto nei punti precedenti e riassumibile nella preponderante funzione sociale che viene riconosciuta alle società informatiche maggiori. È anche interessante il modo in cui questo interesse di educazione viene posto all'interno del codice di condotta riconoscendo che attraverso i *social* può anche essere trasmesso un importante messaggio di rispetto verso gli altri. Questo allontana dalla narrazione che spesso viene da taluni fatta dei *social* come luoghi negativi in quanto tali riconoscendone piuttosto i loro benefici sociali se utilizzati con attenzione.

Il quinto punto del Codice di condotta è molto interessante poiché evidenzia come vi debba essere ampia collaborazione tra le società private e l'autorità pubblica attraverso dei *"punti di contatto [...] rispettivi designati dalle aziende informatiche e dagli Stati membri"*. Da ciò che viene espresso in questo punto, quindi, si evince come lo scopo sia ancora una vola incentivare la collaborazione tra pubblico e privato. Questa volta viene utilizzato il mezzo di un *punto di contatto* (un "gruppo") congiunto che si occupi proprio degli atti di incitamento all'odio. A questo si aggiunge poi che la collaborazione *"consentirà anche agli Stati membri, e in particolare alle autorità nazionali incaricate dell'applicazione della legge, di acquisire ulteriore familiarità con i metodi per riconoscere le forme illegali di incitamento all'odio online"*. Il contenuto lesivo, quindi, deve essere segnalato da parte della piattaforma alle autorità. Quello che è più interessante di questo punto è, però, che viene detto che questo *consentirà di acquisire maggiore familiarità* come se le autorità pubbliche fossero discenti delle scelte fatte dal privato. Ciò può essere vero se lo si pone al metodo tecnico di neutralizzazione del contenuto e non dal punto di vista concettuale. È semplice pensare che sia vero che una società privata conosca il funzionamento di una piattaforma proprietaria meglio di un utente esterno pubblico tuttavia la stessa affermazione non si può confermare anche dal punto di vista del concetto espresso. Come si è visto nel capitolo dedicato, infatti, il concetto relativo agli *hate crime* in generale e ai fenomeni di *hate speech* in particolare per ogni stato rendendo difficile che una piattaforma internazionale possa conoscere il diritto di ogni singolo stato meglio dei singoli apparati giudicanti pubblici. Al contrario, la affermazione risulta vera se viene intesa nell'ottica che le autorità devono capire le nuove declinazioni delle forme di odio. Tale affermazione prescinde da una legge specifica ma si riferisce alla sola lesività del contenuto nel caso concreto. Poiché, come detto, la manifestazione dell'odio *online* si manifesta spesso in forme nuove rispetto all'odio *offline* questo potrebbe creare problemi alle autorità use a gestire l'odio classico. In tale ottica è quindi fondamentale che vi sia un affiancamento dei soggetti pubblico e provato per garantire armonia e chiarezza nell'operato. Tale azione diventa, quindi, perfettamente in linea con il testo e gli intenti del Codice di condotta.

Il sesto punto si riferisce proprio alla credibilità delle rimozioni. Si richiede, infatti, che le società di avvalgano di *"esperti, in particolare attraverso partenariati con le organizzazioni della società civile"* per l'identificazione del contenuto lesivo. Queste collaborazioni devono "preservarne l'indipendenza e la credibili" anche in relazione agli enti con cui collaborino. Tale impegno assomiglia agli *audit autonomi* che vengono svolti soprattutto in ambito informatico. Gli *audit* non sono altro che delle verifiche che delle società credibili e scollegate dalla principale fanno per verificare la validità di alcuni aspetti di un'altra società (ad esempio il livello di privacy o sicurezza del sistema). In questo caso il ruolo degli enti della società civile è simile. Vi si aggiunge anche una collaborazione che sembra maggiormente serrata rispetto a dei singoli controlli al fine di accertare la regolarità dell'azione. In riferimento a questo impegno di può pensare immediatamente ad enti di ricerca universitari sia del dipartimento di giurisprudenza che di informatica che offrono alle società sia la credibilità necessaria sia il personale idoneo a svolgere il ruolo richiesto. È auspicabile che in futuro in riferimento ad ambiti altamente specializzati come l'informatica giuridica si formino sempre più collaborazioni interdipartimentali in ogni ateneo al fine di mantenere la completezza necessaria nelle ricerche effettuate.

Il settimo punto è strettamente connesso al precedente e auspica la creazione di una rete di "relatori di fiducia" specializzati e pubblici che si occupino proprio di garantire la credibilità delle azioni svolte e la rappresentanza della società civile. Questi due ultimi punti sono interessanti anche perché mostrano come la Commissione europea ponga in primo piano la credibilità della azione svolta proprio in relazione alla delicatezza del compito che deve gestire l'aspetto *online* e limitatamente a *social* e motori di ricerca della libertà di pensiero, uno dei diritti cardine della democrazia moderna.

L'ottavo punto è semplicemente votato al miglioramento della azione già svolta e prevede periodiche *"formazioni per il [...] personale per informarlo sugli sviluppi sociali in corso"*.

I punti precedenti disciplinavano la collaborazione tra la società, le istituzioni pubbliche e la società civile. Il nono punto determina l'impegno di intensificare anche la *"cooperazione con altre piattaforme e altri operatori dei media sociali"* al fine di ottimizzare le pratiche adottate.

Il decimo punto di basa ulteriormente sulla funzione sociale che viene riconosciuta ai *social* arrivando addirittura a dire che commissione e società informatiche *"si prefiggono di proseguire l'opera di elaborazione e promozione di narrazioni alternative indipendenti"* per contrastare l'dio e di pregiudizi. L'undicesimo punto rimarca invece l'importanza della partecipazione dei cittadini (società civile) che devono essere coinvolti al fine di raccogliere e *"repertoriare le esigenze e le richieste specifiche delle organizzazioni della società civile in proposito"*. In riferimento a questo si pensi a titolo esemplificativo alle società di attivismo che potrebbero segnalare di ricevere continuamente una fora specifica di odio. Questa segnalazione mirata porterebbe alla possibilità di migliorare il riconoscimento automatico e quindi ad accelerare la rimozione. Ovviamente la collaborazione deve essere svolta anche con enti autonomi che possano confermare la reale lesione che potrebbe derivare dalla diffusione del messaggio. Si può in ogni caso identificare la possibilità che si formi una "zona grigia" in cui il contenuto può essere ritenuto sensibili da alcuni soggetti ed essere al contempo libera e legittima espressione del pensiero. In questo caso è auspicabile che le piattaforme prevedano (come già fanno alcune) di poter nascondere i contenuti pubblicati da un determinato utente. Il soggetto che si sente offeso dai contenuti, quindi, potrà scegliere di non vederli anche se essi rimarranno pubblicamente accessibili da parte degli altri soggetti.

L'ultimo punto è un impegno sia dagli stati membri che dalla commissione e corrisponde alla promozione del codice di condotta perché anche altre società informatiche lo adottino.

In conclusione al codice di condotta le società e la commissione si impegnano ad incontrarsi nuovamente a fine del 2016 ed in modo periodico per verificare l'avanzamento.

Dal report pubblicato il 27 settembre 2019 n. 12522/19 e redatto dal consiglio dell'unione europea emerge come il sistema stia funzionando almeno relativamente alla rimozione. Viene ripotato un tasso di controllo dell'89% dei contenuti segnalati nelle 24 ore successive. Come termine di paragone si noti che quando le società informatiche hanno sottoscritto gli impegni esso era al 40%. In relazione ai contenuti segnalati e analizzati il tasso di rimozione è del 70%. È molto difficile però vedere quanti di questi contenuti fossero realmente lesivi e quali, invece, siano stati segnalati e rimossi sebbene fossero legittimi ma controversi. Se il controllo viene svolto da soggetti umani è indubitabile come essi non siano vincolabili a delle regole specifiche senza che i loro bias li condizionino almeno in parte. Se, invece, il controllo è svolto da macchine non vi è modo di verificarne la reale accuratezza.

II. le regole delle singole piattaforme

In riferimento alle regole delle singole piattaforme le analisi che si sarebbero potute fare sono le più diverse. Sebbene ad una prima analisi appaiano molto simili ogni società adotta le proprie rendendo difficile un ragionamento unitario. Vi sono società più piccole che gestiscono social spesso utilizzati per manifestare l'odio soprattutto tra i ragazzi adolescenti (spesso minori). Un esempio sono piattaforme come Ask o Tellonym.me. Queste piattaforme nascono con il nobile intento di connettere persone sconosciute al fine di implementare delle relazioni sincere ed offrono la possibilità di inviare messaggi anche in modo anonimo. Sebbene questi intenti esse sono state spesso abusate per farne il veicolo perfetto per atti di prevaricazione ed *hate crime*. Le piattaforme appena descritte, però, non sono state incluse nell'analisi delle regole specifiche poiché sono spesso piattaforme piccole. Questo porta il panorama in riferimento a questo tipo di sistemi ad essere molto frammentato rendendo impossibile una analisi unitaria. È costante inoltre il ricambio delle applicazioni di questo tipo nel tempo. Se oggi si analizzasse il sistema Tellonym.me, ad esempio, tra qualche mese esso potrebbe non essere più attuale ed essere stato sostituito da una applicazione con funzione analoga ma con regole diverse in materia di *hate speech*. Il sistema di Google, invece, dopo essere stato analizzato nei suoi termini di servizio[258] e a seguito di numerose ricerche è risultato essere secondario rispetto ai contenuti di odio. Google non dispone nemmeno di un sistema social dopo aver chiuso quello di sua proprietà (Google+) in aprile 2019. Per quanto riguarda la rimozione dei contenuti, invece, si è già parlato in precedenza dei diritti esercitabili per ottenere la rimozione di un contenuto diffamatorio pubblicato su un sito web che viene elencato nella pagina di ricerca di Google. Le soluzioni includono anche l'esercizio del proprio *diritto all'oblio* e la richiesta di cancellazione di un contenuto inoltrata sia a Google che all'autore. Tale azione potrebbe portare alla

---

[258] Agevolmente accessibili alla pagina *policies.google.com*

cancellazione del contenuto ma più spesso comporta la sparizione totale dei materiali lesivi dal più utilizzato motore di ricerca (deindicizzazione) rendendoli di fatto quasi invisibili. La società possiede anche YouTube di cui però si è già parlato in modo approfondito.

Per quanto detto si è scelto di concentrarsi maggiormente su due piattaforme social: Facebook e TikTok. La prima, Facebook, permette di pubblicare frasi scritte e contenuti multimediale ed è estremamente conosciuta tanto che il nome stesso è diventato emblematico nell'immaginario di cosa sia un *social network*. La società inoltre possiede anche altri *social* come Instagram che condivide, quindi, le stesse regole. La società possiede anche WhatsApp a cui le regole si applicano in modo diverso essendo un sistema di conversazione che si può instaurare solo con soggetti di cui si conosce il numero di telefono ed un modo limitato a pochi utenti nella stessa conversazione. Su WhatsApp il rischio maggiore al momento può essere riscontrato nelle fake news e diffamazione e meno nei fenomeni di *hate speech*. TikTok, invece, è una emergente piattaforma di condivisione di video brevi che possono essere visti da migliaia di utenti anche sconosciuti che possono commentare pubblicamente i contenuti. Attualmente la piattaforma è al centro di numerose polemiche mosse dal governo americano sia in relazione alla privacy degli utenti sia per il controllo che la stessa piattaforma impone ai contenuti. La azienda è infatti di proprietà di una società cinese che impone regole restrittive rispetto ai contenuti ritenuti *sensibili* come, ad esempio, quelli politici.

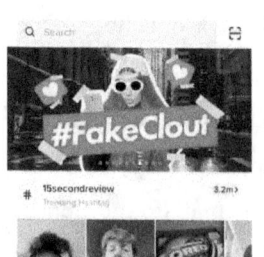

Interfaccia iniziale del social TikTok. Evidenziata in primo piano la funzione per trovare nuovi utenti sconosciuti in base a degli identificativi tematici (hashtag)

- *I termini e le condizioni di Facebook*

Per quanto riguarda l'affermato social Facebook è necessario analizzare dagli standard della comunità che possono essere consultati dal loro sito web[259]. Al punto 12 delle

---

[259] In particolare alla pagina *facebook.com/communitystandards*

regole, nella sezione dedicata ai "contenuti discutibili (*"Objectionable Content"*), si può leggere una intera sezione dedicata in maniera specifica all'*hate speech*. La prima frase riguarda le motivazioni per le quali Facebook non accetta contenuti di *hate speech*. La motivazione espressa è quella della *"intimidazione ed esclusione"* che si viene a determinare in conseguenza ad atti di prevaricazione da correlare anche con atti che *"in alcuni casi possono promuovere la violenza nel mondo reale"*. Nel paragrafo successivo dei Termini viene anche data la definizione di *hate speech* secondo Facebook che si può definire come "attacco alle persone in relazione ad una loro caratteristica protetta" si dice inoltre che Facebook offre protezione anche ad attacchi basati sull'età ma quando essa "è connessa ad un'altra caratteristica protetta". È quindi interessante vedere il modo di agire appena descritto che risente delle problematiche esposte anche nel primo capitolo in relazione alle categorie protette predefinite. Da quanto sembra evincersi da queste parole si può pensare che Facebook offra protezione a certe categorie di persone. È senza dubbio vero che gli attacchi a certe categorie di persone siano più frequenti tuttavia un insulto anche molto grave ad un altro soggetto ma in quanto tale e senza fare riferimento a nessuna categoria specifica sembra debba rimanere impunito. Il problema si complica ulteriormente se ci si riferisce a categorie di persone non incluse nella lista[260] ma che in alcuni ambiti culturali possono comunque essere soggette a discriminazione. Un esempio non di poca rilevanza potrebbe esse il *Body Shaming* cioè l'attacco di una persona in base ad una caratteristica fisica (tipicamente l'essere sovrappeso). Nel caso di un attacco simile si potrebbe fare rientrare la questione della discriminazione di genere tuttavia taluni potrebbero obiettare che sia gli uomini che le donne in modi differenti subiscano bullismo se sovrappeso o con altre caratteristiche diverse dal canone di bellezza maggioritario. Questa obiezione potrebbe escludere dalla tutela in base alla discriminazione per il sesso. Si potrebbe allora tentare di ottenere una rimozione in base al fatto che in casi gravi l'obesità sia una vera e propria malattia tuttavia anche in questo caso il sistema non è sempre utilizzabile. Si pensi ad esempio a soggetti discriminati per

---

[260] Le categorie elencate sono *"race, ethnicity, national origin, religious affiliation, sexual orientation, caste, sex, gender, gender identity, and serious disease or disability"*

l'altezza o perché con l'acne. È così facilmente dimostrato che si possono trovare sempre delle categorie che non vengono protette dalle norme e che potrebbero vedere un contenuto lesivo non rimosso per settimane ed esposto a migliaia di utenti. Facebook continua dicendo che l'attacco viene identificato come "*discorsi violenti o disumanizzanti, stereotipi dannosi, dichiarazioni di inferiorità o incitamento alla esclusione o segregazione*". Nel successivo paragrafo la *policy* tratta di alcuni temi delicati. Viene detto infatti che talvolta alcuni soggetti condividono contenuti che dovrebbero essere categorizzati come d'odio al fine di sensibilizzare gli altri. Un esempio è quello già visto precedentemente riferibile la pagina le perle degli omofobi" che pubblica i contenuti offensivi di cui si è vittima. Questi contenuti, ovviamente, sono consentiti perché cancellarli andrebbe contro allo scopo dichiarato. Più controversa è la parte in cui si dice di consentire anche l'espressione del disprezzo nell'ambito di una *rottura romantica* cioè della fine di una relazione[261]. Questa concessione che sembra innocua nasconde però gravi pericoli. Si pensi ad esempi alla fine di una relazione espressa su un *social* con toni accesi ed offensivi. Ad essa potrebbero collegarsi altri utenti che, per relazione amicale o divertimento, incitino la persona lasciata a commettere atti di *revenge porn*[262] o vandalici. Senza arrivare a questi eccessi ci si può soffermare anche solo sull'aumento esponenziale che può avere l'odio provato da un soggetto a causa di una situazione stressante dopo che esso sia stato sostenuto ed alimentato da altri utenti. Se i singoli commenti, quindi, fossero accettabili anche se scritti in toni aggressivi, l'insieme della conversazione potrebbe rafforzare la rabbia dell'autore molto più di quanto avverrebbe nella relazione con pochi utenti in privato e potrebbe creare gravi problemi e sfociare anche in reati come lo *stalking* o la violenza fisica. È inoltre problematico capire con quale criterio il *social* voglia accettare alcuni contenuti in determinati contenuti rispetto che in altri poiché questo richiederebbe una analisi del contesto in cui la frase è inserita. Questo processo diventerebbe lungo e

---

[261] Nel testo originale le parole utilizzate sono "*People sometimes express contempt in the context of a romantic break-up*"

[262] Pubblicazione di materiale sessualmente esplicito detenuto a scopo privato reso invece pubblico senza il consenso della vittima

laborioso anche se svolto da un umano (quindi non da un programma) rendendo impossibile la verifica dell'enorme mole di dati controversi. In riferimento all'ultima questione, deve essere osservato che il *social* esplicitamente consenta in alcuni contesti dei materiali normalmente vietati come immagini di allattamento al seno in un gruppo dedicato a tale scopo[263]. Rimane però il problema relativo alla individuazione del contesto e alla differenziazione delle macro categorie come quelle che possono intercorrere, ad esempio, tra un gruppo di pedopornografia ben mascherato rispetto ad un gruppo di cura neonatale legittimo o tra un gruppo dedito al *body shaming* ed uno dedicato alla cura del proprio regime alimentare.

Facebook, infine, divide le manifestazioni di *hate speech* i tre gruppi. La divisione è un elenco di contenuti non accettati raggruppati per categoria. Nella prima categoria si trovano gli attacchi contro una persona per via di una situazione in cui versa. Tra di esse ci sono caratteristiche come fare parte di un gruppo di persone accomunabili in un certo modo o situazioni personali come la situazione di immigrato. Nella seconda categoria si vietano invece le condotte contro le categorie protette precedentemente dette e vi è addirittura un interessante elenco degli insulti vietati. Tra di essi si possono trovare riferimenti alla igiene[264], alla apparenza fisica, alle carenze intellettive, morali[265] ecc. Vengono anche vietate le aggressioni sessuali verbali o che vi facciano riferimento[266]. Nell'elenco rientra ora anche l'apparenza fisica mancante nel punto precedente. È necessario, inoltre, comprendere il motivo di tale scelta. È ragionevole pensare che, alla luce dell'intero regolamento, gli insulti elencati nelle tre categorie che vengono analizzate siano **unicamente** riferibili alle categorie protette di cui si è parlato all'inizio

---

[263] Tale esempio non è casuale e viene anche portato dalla piattaforma stessa. Di seguito il testo originale: "*Other times, they use gender-exclusive language to control membership in a health or positive support group, such as a breastfeeding group for women only*"

[264] Testo originale: "*Hygiene, including but not limited to: filthy, dirty, smelly*"

[265] Nel testo originale l'elenco è parecchio ampio e viene riportato di seguito in lingua originale "*Character traits culturally perceived as negative, including but not limited to: coward, liar, arrogant, ignorant / Derogatory terms related to sexual activity, including but not limited to: whore, slut, perverts*"

[266] Nello specifico gli insulti vengono esemplificati usando la frase che segue "*Terms or phrases calling for engagement in sexual activity, or contact with genitalia, anus, feces or urine, including but not limited to: suck my dick, kiss my ass, eat shit*"

e non a casi generici. Se tale interpretazione fosse vera, però, rimarrebbero senza tutela una gamma molto vasta di situazioni. Si pensi ad esempio a tutti quei ragazzi e ragazzi che vengono attaccati dai compagni perché con vestiti non alla moda. Poiché la tutela può avvenire solo per le categorie protette e in riferimento all'età ma sempre e solo se rientrante nelle stesse categorie, in molti sarebbero non protetti nei confronti di tali attacchi. L'ultima categoria, la terza, è invece dedicata sempre in riferimento alle categorie predette ad atti che incitino alla esclusione sociale. Tra essi ci sono commenti che incitino alla segregazione, all'esclusione politica o alla limitazione della possibilità di partecipazione ad attività o spazi. Tra di essi è interessante che venga inclusa anche la negazione di partecipazione a spazi *online*[267]. Non sono quindi consentiti comportamenti che neghino l'accesso in base a sesso, nazionalità religione ecc. Anche in questo caso la questione genera parecchi dubbi perché su Facebook non è raro trovare gruppi che consentono l'accesso in base a categorie come colore della pelle, religione ecc. È probabile che anche in questo caso la questione sia da intendersi in relazione unicamente all'*hate speech*. Questo significa, quindi, che i gruppi chiusi in cui si possa entrare solo se in possesso di una certa caratteristica siano consentiti (in riferimento alla parte del regolamento relativa all'*hate speech*, non in generale) e che venga invece censurata la condotta aggressiva come può essere, ad esempio, una frase come "Vattene da questa pagina! Non puoi parlare perché sei…".

- *I termini e le condizioni di TikTok*

Come detto, TikTok è una piattaforma piuttosto nuova di condivisione di video brevi. L'interesse che vi deve essere posto deriva anche dal fatto che essa è utilizzata in larga

---

[267] In riferimento al testo originale "*Social Exclusion defined as including but not limited to denial of opportunity to gain access to spaces (incl. online) and social services*"

parte da utenti adolescenti e maggiormente esposti ad un determinato tipo di odio *online* molto simile alle forme di bullismo *offline* ma in scala più amplia[268].

Risulta interessante che la prima categoria di contenuti vietati sia dedicata ai "*soggetti ed organizzazioni pericolose*". Oltre ad essere elencate le categorie che ci aspetterebbe di vedere (omicidi, rapimenti, estorsioni ecc.[269]) vi sono anche alcune caratteristiche particolari. Riguardano l'obbligo di non pubblicare né nomi, simboli uniformi ecc. che rappresentino "soggetti o organizzazioni pericolose" né contenuti che glorifichino queste associazioni[270]. È evidente come tale frase si presti ad essere reinterpretata al fine di rimuovere i contenuti non graditi come verrà dimostrato nel punto successivo in relazione all'*hate speech*.

TikTok come Facebook ha una sezione delle "*community guidelines*"[271] dedicata all'incitamento all'odio e seguita da un'altra dedicata alle molestie ed al bullismo. Nel primo punto la società dichiara di *non tollerare i contenuti che attacchino o incitino la*

---

[268] La piattaforma appartiene a ByteDance, una società tecnologica con sede a Beijing,in Cina. La sua potenza a livello mondiale è determinata anche dalla possibilità o meno di operare negli Stati Uniti d'America e dalle regole imposte dal governo cinese. Nel 2020 sono state mosse numerose critiche a programma soprattutto in ambito di sicurezza dei dati.
Attualmente il presidente degli Stati Uniti, Donald Trump, sta compiendo una campagna politica ed economica al fine di obbligare TikTok ad adempiere ad alcuni obblighi. L'esito di questa azione potrebbe determinare addirittura il successo su scala mondiale, il superamento della società Facebook o la rapida scomparsa della applicazione nel mondo occidentale

Per approfondire l'argomento si veda "*Trump gives TikTok a new deadline: 90 days instead of 45: President Trump issued an executive order Friday night giving the app a slight reprieve*", Kim Lyons, The Verge, 14 agosto 2020
E "*Tik Tok spopola (e fa tremare Facebook). Ma la sicurezza dei dati desta preoccupazione*", Il Messaggero, 19 novembre 2019, autore non riportato

[269] L'elenco completo in lingua originale è "*Hate groups, Violent extremist organizations, Homicide, Human trafficking, Organ trafficking, Arms trafficking, Drug trafficking, Kidnapping, Extortion, Blackmailing, Money laundering, Fraud , Cybercrime*"

[270] I due punti espressi in lingua originale sono: "*Names, symbols, logos, flags, slogans, uniforms, gestures, portraits, or other objects meant to represent dangerous individuals and/or organizations - Content that praises, glorifies, or supports dangerous individuals and/or organizations*"

[271] Le linee guida sono accessbili alla pagina *tiktok.com/community-guidelines*

violenza contro uno o più individui in base a delle categorie protette. Prima di elencare quali siano le categorie protette vengono elencate le sanzioni comminate. In alcuni casi il contenuto sarà rimosso e, nel caso vi siano più violazioni, l'intero *account* verrà eliminato[272]. È necessario notare che in riferimento alle sanzioni molto spesso la piattaforma è stata accusata di cancellare i contenuti di carattere politico, ad esempio in riferimento alle proteste di Hong Kong o agli attacchi da parte del governo cinese ai danni di alcune categorie di cittadini come, ad esempio, i soggetti di religione musulmana.[273] Al netto delle accuse è bene comprendere quali siano le categorie ufficialmente protette dal *social*. È anche vero però che ogni regola subisce una interpretazione e che le linee guida poste a tutela possono anche diventare il miglior modo per **eliminare espressioni di dissenso politico** o civile non gradite. L'elenco di caratteristiche protette ricalca quello di Facebook[274] ed include le discriminazioni per religione, sesso, genere, disabilità, *status* sociale ecc. Ad esse vengono affiancate tutte le azioni che potrebbero danneggiare un individuo tra cui dire che alcuni soggetti sono inferiori, criminali o promuoverne la esclusione o la segregazione[275].

Vi sono poi due sotto paragrafi sempre contenuti nella categoria di regole dedicate al contrasto dell'*hate speech*. La prima riguarda le ingiurie (*slurs*) mentre la seconda le ideologie basate sull'odio (*Hateful ideology*). In riferimento alle ingiurie viene detto che esse non sono tollerate per evitare la diffusione di contenuti aggressivi tuttavia,

---

[272] Il testo originale in cui vengono spiegate le sanzioni è *"We do not allow content that includes hate speech, and we remove it from our platform. We also suspend or ban accounts that have multiple hate speech violations"*

[273] In riferimento si veda ad esempio *"TikTok, 17enne finge tutorial make-up e denuncia i lager in Cina beffando la censura"*,Il Messaggero, 27 novembre 2019, autore non riportato
Da quanto riportato dal giornale la ragazza sarebbe stata rimossa dal social dopo aver pubblicato il contenuto con l'accusa di aver caricato video inneggianti al terrorismo in precedenza.

[274] Per completezza esse sono: *"Race, Ethnicity, National origin, Religion, Caste, Sexual orientation, Sex, Gender, Gender identity, Serious disease or disability, Immigration status"*

[275] In lingua originale l'elenco è il seguente: *"Content that dehumanizes or incites violence or hatred against individuals or groups, based on the attributes listed above, including but not limited to: / claiming that they are physically or morally inferior / calling for or justifying violence against them / claiming that they are criminals / referring negatively to them as animals, inanimate objects, or other non-human entities / promoting or justifying exclusion, segregation, or discrimination against them"*

esattamente come detto dal concorrente Facebook, esse potrebbero essere accettate quando vengono usate in tono satirico o nel caso in cui il soggetto rivolga gli insulti a sé stesso. Oltre al divieto di insulti a terzi anche contenuti in canzoni. Per quanto riguarda la categoria relativa ai contenuti basati sull'odio, invece, si dice che essi sono incompatibili con la comunità e quindi non accettati. Vengono qui riproposte le formule che già erano state usate all'inizio dei termini e condizioni. Viene vietata la negazione di atti violenti il cui avvenimento sia ben documentato[276]. Viene espresso, inoltre il divieto di ideologie ed istituzioni che incoraggino l'odio. L'azione di controllo include anche i contenuti *di tipo passivo* come bandiere, cartelli ecc. Questo fa pensare, ed esempio, che possano essere certamente rimossi video promozionali del Sedicente Stato Islamico (ISIS) ma anche video di proteste non gradite da chi dirige il sito web. Questo sospetto non solo è fondato sui casi visti in precedenza ma deriva anche dal fatto che vi sia una partecipazione di aziende direttamente correlate al governo cinese[277].

L'analisi di queste piattaforme rende evidente da un lato come sia necessario rimuovere i contenuti dannosi poiché la loro pubblicazione potrebbe essere deleteria per la società ma anche che ogni regola posta a tutela può fungere da leva per negare libertà fondamentali come quella di espressione in modo capillare ed esponenziale come mai è avvenuto all'interno di una società.

---

[276] Questo sembra simile alle misure per il contrasto al negazionismo tuttavia, essendo la regola posta in forma estremamente generica, è difficile comprendere cosa venga inteso per "*ben documentati*"

Nel testo originale la regola è riportata con le parole "*Content that denies well-documented and violent events have taken place*"

[277] Per approfondire si veda "*Will TikTok Be Banned In The USA? It May Depend On Who Owns It*", Bobby Allyn, NPR

5. *Appendice*

- *Appendice 1 – Le proposte di legge in discussione*

In questo paragrafo viene analizzata la proposta di legge in discussione relativamente alla tutela delle singole categorie colpite. In particolare le categorie prese in considerazione dalle proposte di legge comprendono genere, sesso ed orientamento sessuale. L'analisi viene svolta ponendo attenzione all'attuale proposta di legge ed in relazione alle precedenti proposte.

[Analisi delle proposte di legge Zan – Scalfarotto, Scalfarotto – Fiano e Di Pietro (misure per la limitazione dell'odio razziale e omofobico)]

Alcune delle proposte di legge avanzate prevedevano la discussione parlamentare calendarizzata per i mesi in cui la tesi era in stesura tuttavia a causa dell'emergenza causata dall'epidemia di Covid - 19 hanno subito dei rallentamenti. Attualmente si rileva che il 3 agosto 2020 è ricominciata la discussione di alcune di queste leggi alla Camera[278].

Vista la attualità del problema fino ad ora evidenziata ed osservata anche la crescita che sta avendo, dal punto di vista della rilevanza sociale ci si è spesso interrogati sulla necessità di introdurre una ad-hoc per il controllo del fenomeno o, comunque, di ampliare i limiti in cui possono agire le leggi già esistenti poste a controllo degli atti di razzismo. Tali proposte sono state spesso criticate per il rischio di una limitazione della liberà di parola che comporterebbero. Le proposte presentate sono state poi confluite in un unico testo, la proposta Zan 2020, al fine di ottenere un più ampio consenso[279].

I promotori delle varie proposte hanno posto l'attenzione sulle categorie considerate maggiormente a rischio soffermandosi quasi esclusivamente sulla questione omofobica,

---

[278] In riferimento si veda «*Omotransfobia, al via la discussione della legge alla Camera. Il relatore Zan (Pd): "Siamo chiamati a rispondere a una domanda di protezione"*», La Repubblica, 3 agosto 2020, Autore non riportato

[279] In riferimento si veda «*Omofobia, nella guerra alla legge a colpo di emendamenti arriva la clausola bipartisan "salva idee"*», La Repubblica, 21 luglio 2020, Autore non riportato

certamente rilevante, ed escludendo tutte le altre categorie. Tale azione è stata posta in essere per evitare un estremo allargamento della fattispecie di reato in quanto taluni potrebbero pensare che ampliando le categorie protette la legge ne risultasse svalutata poiché dover tutelare molti soggetti significherebbe necessariamente porre meno attenzione a ciascuno di essi. Questo avverrebbe anche includendo una clausola di chiusura generale che tuteli tutte le categorie vulnerabili non espressamente indicate.

Nella lettura degli atti parlamentari[280] si apprende come ci si sia spesso interrogati circa il rischio di trasformare una legge tesa a proteggere le vittime in una norma posta a limitazione dell'espressione delle opinioni personali. Riguardo alla complessità di tale tema si troverà una trattazione ad-hoc in relazione ai possibili problemi di costituzionalità nel capitolo dedicato.

Molte delle proposte di legge si basano sull'intenzione di modificare la legge n. 654 del 13 ottobre 1975 (Ratifica ed esecuzione della convenzione internazionale sull'eliminazione di tutte le forme di discriminazione razziale) e della legge n. 205 del 25 giugno 1993 (legge mancino) che sono state precedentemente affrontate.

La prima proposta è stata presentata il 14 ottobre del **2009** con primi firmatari i deputati Di Pietro e Donadi. Negli atti di apertura viene fatto notare che la ratio della norma non sia quella di limitare in alcun modo la libertà di espressione ma, al contrario, di punire le **manifestazioni** di **violenza** nei confronti di persone omosessuali e transessuali in quanto "l'orientamento sessuale della vittima (…) non è neutrale rispetto al reato"[281] Visto anche lo scopo analogo e la continuità della legge Zan 2020 rispetto alle altre, è ragionevole ipotizzare che anche per tale proposta l'interpretazione da dare alla norma sia la stessa. Nel testo del 2009 si propone di aggiungere nella tutela delle discriminazioni in ragione di motivi raziali, etnici, nazionali e religiosi anche le motivazioni di omofobia e transfobia. In questa proposta si utilizza la dicitura "o per

---

[280] Disponibili pubblicamente sul sito web della Camera dei Deputati e del Senato della Repubblica

[281] Camera dei Deputati, atto n. 2807

motivi fondati sull'omofobia o sulla transfobia"[282]. Analogamente anche nel disegno di legge Scalfarotto – Zan (**2013**) si utilizza la stessa dicitura cioè: "ovvero fondata sull'omofobia o sulla transfobia". Ad esclusione della differente scelta nella congiunzione disgiuntiva, le due proposte sono pressoché identiche nella parte comprendente la proposta di modifica della dicitura volta ad identificare la discriminazione tuttavia nel disegno di legge Scalfarotto – Zan si aggiunge un interessante articolo 2 in cui si richiede all'istituto nazionale di statistica di svolgere rilevazioni almeno ogni quattro anni "*ai fini della verifica dell'applicazione della presente legge e della progettazione e della realizzazione di politiche di contrasto della discriminazione e della violenza di matrice xenofoba, antisemita, omofobica e transfobica e del monitoraggio delle politiche di prevenzione*" l'istituto, in particolare, avrebbe dovuto individuare "*le caratteristiche fondamentali e (...) i soggetti più esposti al rischio*"

I tentativi di approvare una legge in tal senso sono proseguiti. Nel **2018** i deputati Zan e Annibali hanno presentato una ulteriore proposta in tal senso[283]. Alessandro Zan è anche il promotore del più recente disegno di legge in materia. La proposta di legge del 2018 non propone come le precedenti un intervento sulle leggi n. 654/1975 e n. 205/1993 ma, al contrario, richiede una modifica degli articoli 604- bis (propaganda e istigazione a delinquere per motivi di discriminazione razziale etnica e religiosa) e 604- ter (circostanze aggravanti) del codice penale. Se nelle proposte precedenti il reato veniva commesso sia per la commissione sia per la istigazione\ propaganda alla violenza per motivi raziali, etnici, religiosi, o **fondati sull'omofobia o transfobia**, ora l'attenzione si sposta sull' *hate speech* cercando di contrastare il fenomeno della propaganda di idee omofobe. Sarebbe, però, considerare incompleta questa norma infatti alla lettera *a* dell'art 604bis, si può constatare di come, oltre alla punizione dell'istigazione a commettere atti di discriminazione, vi sia anche la punizione **per chi commette** tali reati.

---

[282] Proposta di legge Di Pietro, Donadi art. 1 e art. 2

[283] Documento n. 569\2018 della Camera dei Deputati

La proposta di legge Zan Annibali del 2018 non pone modifiche riguardanti la pena da infliggere ma, anche in questo caso, si limita ad aggiungere dopo le ragioni di ordine raziale e religioso anche le ragioni *"basate sull'orientamento sessuale o sulla identità di genere"* al fine di "dotare anche l'ordinamento italiano di uno strumento di protezione della comunità LGBT".

Dello stesso tenore è la proposta di legge Scalfarotto Annibali (**2018**) che tende anch'essa a modificare l'art. 604 bis e 604 ter del codice penale aggiungendo la dicitura *"o fondati sull'omofobia o sulla transfobia"*. Sebbene l'intento sia il medesimo, si potrebbe affermare che la modifica della terminologia porti ad una interpretazione leggermente diversa. Nello specifico, la proposta Scalfarotto Annibali sembra intendere unicamente i casi di **esplicito** odio omofobico escludendo i casi più *dubbi* che sarebbero invece inclusi nella dicitura Zan Annibali in quanto la definizione *"fondati sull'omofobia o sulla transfobia"* sembra essere più netta e estremizzata rispetto alla precedente.

Un appunto va fatto anche relativamente alla proposta legge Concia[284] presentata il 29 aprile 2010, XVI legislatura, in cui si propone il giorno 17 maggio di ogni anno per l'istituzione della *Giornata nazionale conto l'omofobia* in contemporanea con la ricorrenza istituita nel 2005 dal Parlamento Europeo in occasione del 15° anno dalla eliminazione dell'omosessualità dall'elenco delle malattie mentali (rimozione avvenuta nel 1990).

Ultimo in ordine di tempo è il disegno di legge Zan (**2020**). Tale testo si dimostra essere decisamente più ampio in materia, sia per norme modificate che per categorie protette. Vengono indicati per la modifica sia l'art. 604 bis, 604 ter del codice penale che la legge 205 del 1993. Si propone, inoltre, la modifica anche dell'art. 90 quater del codice di procedura penale.

La dicitura indicata per la modifica (da aggiungere dopo i motivi religiosi) è la seguente: *"oppure fondati sul **genere**, sull'orientamento sessuale o sull'identità di genere"*

---

[284] Atto numero 3445 della Camera dei Deputati

Da notare è che, rispetto ai precedenti disegni di legge, in questo è ravvisabile anche il **genere** come possibile motivazione di discriminazione punibile. Tale dicitura era anche stata suggerita quasi nella sua interezza in un parere richiesto dalla Camera dei Deputati alla prof.ssa Goisis. Non vi è modo, però, di conoscere con certezza quanto il legislatore abbia attinto volontariamente da tale proposta e di quali finalità presente nel documento Goisis siano riferibili a tale legge. A differenza delle proposte precedenti, viene anche dedicato ampio spazio al valore rieducativo della pena. Nell'art.3 del disegno di legge è evidenziabile la possibilità che viene data al di convertire la pena detentiva (che spesso ha un forte potere criminalizzante) con una *"attività non retribuita in favore della collettività per finalità sociali o di pubblica utilità"*. Nell'art. 6 viene ripresa anche la proposta Concia del 2010 già citata in precedenza. In particolare, viene proposto di istituire il giorno 17 maggio come «*"Giornata nazionale contro l'omofobia, la lesbofobia, la bifobia e la transfobia"*» per «*promuovere la cultura del rispetto e dell'inclusione nonché di contrastare i pregiudizi, le discriminazioni e le violenze motivati dall'orientamento sessuale e dall'identità di genere*» tale disposizione viene inserita «*in attuazione dei princìpi di uguaglianza e di pari dignità sociale sanciti dalla Costituzione*». Nello stesso articolo viene esplicata la necessità di istituire cerimonie, incontri ecc. sia da parte di istituzioni pubbliche sia da soggetti privati per aumentare la sensibilizzazione sulla tematica. La finalità preventiva della norma è riscontrabile anche nell'art. 7 ed 8 che individuano gli enti dedicati a redigere con cadenza triennale una strategia nazionale per *la prevenzione ed il contrasto delle discriminazioni per motivi legati all'orientamento sessuale e all'identità di genere*. Tali misure devono includere le istituzioni educative, lavorative e dedicate alla sicurezza. È anche rilevante l'attenzione che viene posta riguardo all'ulteriore riferimento alla situazione carceraria, alla **comunicazione e ai media**. Questa proposta di legge, infatti, riconosce anche l'importanza comunicativa dell'utilizzo dei mezzi di comunicazione nel ruolo che hanno per il contrasto di tali fenomeni. Nel proseguo dell'articolo vi è, inoltre, chiaro riferimento a degli specifici interventi volti a prevenire le manifestazioni di odio. Positiva è anche la possibilità di poter variare gli interventi in funzione del variare della società e, cioè, che essi non siano cristallizzati da una norma ma, al contrario, che venga fornita loro una maggiore malleabilità che – in potenza – fornirebbe ad attori competenti la possibilità di intervenire anticipatamente per prevenire il fenomeno oltre che reprimerlo ed osservarlo tramite statistiche dedicate. La predisposizione normativa per la redazione di tali statistiche è ravvisabile nell'art.9 della presente norma («statistiche sulle discriminazioni e sulla violenza»).

- *Appendice 2 – I possibili rischi per la democrazia: l'esempio delle leggi di Turchia ed Egitto in riferimento ai social*

La seguente sezione contiene la spiegazione estesa dell'utilizzo fatto da parte di forze anti democratiche dei sistemi *social*. Tale analisi non è tesa a paragonare degli stati democratici come quelli europei con altri nei quali la liberà di parola non è garantita. Il paragrafo, tuttavia, analizza gli aspetti più pericolosi dell'utilizzo dei *social* all'interno di tali contesti al fine di mettere in luce eventuali problematiche che potrebbero verificarsi in ogni paese, indipendentemente da quale sia la cultura democratica di riferimento.

Come detto precedentemente, è giusto e doveroso tutelare chi è vittima di discorsi di odio anche attraverso la rimozione tempestiva dei contenuti tuttavia è anche vero che la rimozione deve avvenire in modo controllato. Si è già osservato come si riveli problematica la possibilità che alcune società private rimuovano i contenuti in base a regole interne. Seguendo lo stesso discorso e evidenziando come sia necessario che vi sia liberà di espressione al fine di garantire un corretto sviluppo dello stato democratico, è ora necessario analizzare con alcuni esempi gli abusi che la legge può affrontare in relazione alla limitazione dell'*hate speech*.

Il controllo di un sistema democratico nella rimozione dei contenuti lesivi è ciò che porta ad affermare con ragionevole certezza che la cancellazione non avvenga in modo arbitrario. Il problema si pone, però, se lo Stato è di fatto controllato da una sola ideologia pur mantenendo integri gli aspetti formali della realtà democratica. È ciò che sta accadendo in Turchia ed Egitto. Gli avvenimenti, infatti, si susseguono durante il periodo di stesura di questa tesi e sono in continuo aggiornamento.

Dal punto di vista della situazione Turca, la problematica si è mostrata nel panorama internazionale a fine luglio 2020[285] quando alcuni osservatori internazionali tra cui

---

[285] In riferimento alla questione Turca si veda l'articolo «*Turchia, passa la legge anti social media. Amnesty: "È censura"*», di Marco Ansaldo, La Repubblica, 29 luglio 2020

Amnesty International hanno osservato come dal governo di Ankara venissero emanate delle norme che ufficialmente sarebbero servite per limitare le forme di *hate speech* o *fake news*[286] ma che nella realtà dei fatti hanno soltanto avuto la funzione di censurare tutti gli atti contrari al governo. In Turchia, infatti, è al potere il partito conservatore "Giustizia e Sviluppo[287]"del presidente Erdogan[288] che dal 1° ottobre 2020 otterrà il controllo diretto dei social. Le piattaforme hanno l'obbligo di costituire degli organi dedicati he si rapportino con il sistema politico al fine di rimuovere i contenuti pubblicati se dovessero venire considerati offensivi o lesivi da *enti dedicati* del governo stesso. Questo ricorda molto il Ministero della Verità (Miniver) immaginato dallo scrittore George Orwell nel libro 1984. Come nel racconto distopico l'ente aveva il controllo totale sulle informazioni che erano o meno esistite e comunicate, così anche un controllo dei sistemi di comunicazione è teso a nascondere il dissenso e a soffocare la liberà di espressione dei cittadini in favore di una falsa narrazione in cui l'esponente politico sia il centro della attenzione del *popolo*. Si pensi anche al fatto che i social non vengono solo utilizzati per contrastare il governo nazionale tramite azioni di protesta ma fungono anche, nei paesi in cui la stampa tradizionale non sia libera, da unico canale di informazione non filtrata nei confronti della situazione internazionale. Le pene previste per le piattaforme che non si adegueranno alle direttive sono severe e possono comprendere, ad esempio, sanzioni fino a 700mila dollari o totale divieto di esercitare nel paese nel caso in cui il contenuto *lesivo* non venisse rimosso entro 48 ore fino, nei casi più gravi, a prevedere anche sanzioni penali. L'osservazione che in questa sede deve essere fatta riguarda in primis il forte controllo delle comunicazioni social da parte del governo (aggirabile da utenti esperti ma non dai *cittadini medi*). Se da un lato la

---

[286] In riferimento alla questione ed in particolare a come la norma è formalizzata si veda l'articolo *"Turkey Passes Law Extending Sweeping Powers Over Social Media"* di Marc Santora, The New York Times, 29 luglio 2020

[287] Nome non tradotto *Adalet ve Kalkınma Partisi*

[288] Per una spiegazione più approfondita della situazione politica in relazione agli avvenimenti detti si veda l'articolo *"La Turchia ha approvato una legge che limita fortemente i social media"* di Albachiara Re, Wired.it, 30 luglio 2020

possibilità di controllare le comunicazioni risulta utile in uno Stato realmente democratico al fine di limitare i fenomeni di *hate speech*, dall'altro fornisce ampi margini di abuso allo stesso Stato. È stato quest'ultimo caso a mettere in allarme gli osservatori internazionali che vedono un pericolo per la democrazia stessa nel Paese. In secondo luogo è necessario notare come la legge se estrapolata dal contesto socio – politico potrebbe essere intesa come nobile. Non viene in alcun modo dichiarato che gli oppositori del Partito verranno perseguitati ma unicamente che si rimuoveranno le forme di odio e *fake news*. Questo ancora una volta conferma quanto detto nel capitolo precedente e cioè che il bilanciamento costituzionale sia estremamente rilevante per la creazione di una norma *giusta* che possa limitare i contenuti lesivi ma anche che la limitazione della libertà di espressione sia una questione estremamente complessa e che ciò che potrebbe agire a tutela dei più deboli nel momento storico attuale, se non formulato correttamente potrebbe in un futuro possibile diventare arma di sopraffazione. La questione relativa alla situazione di internet e dei *social* in relazione a contenuti lesivi e censura è, invece, più complessa. Svolgendo alcune ricerche emerge come la situazione sia stata affrontata soprattutto da enti dedicati alle relazioni tra Egitto e paesi esteri e che non abbia ricevuto molta visibilità nei *media* classici soprattutto in Italia. Una delle prime segnalazioni è del 2017 quando Amnesty International ha segnalato una escalation nella censura del digitale. In quel caso ad essere censurate furono pagine di informazione e molti altri portali di opinioni indipendenti[289]. Circa un anno dopo, a luglio 2018, il quotidiano *online* The Post International ha riportato[290] l'approvazione di una legge che affida il potere di *supervisione* dei media al *Consiglio Supremo*. Ciò che strettamente

---

[289] Si veda il comunicato stampa «*Egitto, ogni giorno nuovi siti bloccati. Amnesty International denuncia l'escalation della censura digitale*» del 13 giugno 2017, amnesty.it

[290] In riferimento si veda l'articolo «Egitto, approvata legge per regolamentare social media. Amnesty: "legalizza la censura di massa"» di Marta Facchini, 18 luglio 2018, tpi.it

rileva nella trattazione, però, sono due avvenimenti più recenti. Nel primo caso Il Manifesto ha riportato di aver subito censure dopo aver avviato una campagna *social* per la liberazione di Patrick Zaki, universitario italiano con cittadinanza egiziana che è ora detenuto nel paese. Contestualmente viene anche riportato che *l'account* Twitter promotore della liberazione dello studente è stato limitato in Egitto per *aver violato le regole del social*[291]. Nel secondo caso, invece, si tratta di un atto che ha avuto più riscontro nei *media* italiani rispetto a quelli analizzati fino ad ora. Nel mese di giugno 2020 una ragazza celebre in patria come danzatrice del ventre, arte che ha anche origine nello stesso Egitto, è stata condannata a 3 anni di reclusione (e al pagamento di 300000 lire egiziane ~ 16000 €) utilizzando proprio le leggi create per limitare i *contenuti lesivi* sui *social*. Sama El Masry viene accusata di pubblicazione di foto e video *immorali* sui canali di comunicazione. All'arresto è seguito il sequestro di tutte le apparecchiature utilizzabili per connessesi alla rete (telefono cellulare, computer ecc.) e la detenzione è stata prolungata diverse volte con varie motivazione e accuse gravissime che variano dall' *incitamento alla prostituzione* agli *atti osceni in luogo pubblico*. L'utilizzo di leggi contro contenuti di odio e fake news in questo modo come questa mostra una particolare attenzione (e paura) di alcuni esponenti di potere egiziani nei confronti di una diversa narrativa che appare non facilmente

Alcune giornaliste e giornalisti che protestano per la censura della stampa e di internet. (autore delle foto sconosciuto, fonte delle foto jahannews.com, testata giornalistica online in lingua araba). T.P.I., un giornale italiano, riporta che le proteste sono state organizzate in occasione della giornata internazionale per la libertà di stampa.

---

[291] Si veda l'articolo «*L'Egitto censura la campagna social per Patrick Zaki*» di Pino Dragoni, 12 febbraio 2020, Il Manifesto

controllabile[292]. Lo stesso approccio ai social sempre modificando nel profondo il significato delle leggi di regolamentazione e repressione dell'odio *online* si può ravvisare anche nel continuo tentativo di blocco dei contenuti presenti sul *social network* cinese TikTok da parte del governo del Cairo[293]. In questo caso alcune ragazze accusate di *promuovere la dissolutezza* e anche di *incitamento alla prostituzione* per aver tenuto una condotta non conforme a quando deciso dallo Stato (vestiti occidentali, trucco ecc.). Ancora più *interessante* è, inoltre, l'accusa che è stata mossa contro Menna Abdel-Aziz, diciassettenne che ha denunciato in un video di essere stata picchiata da sei persone. In quel caso, oltre alle accuse già mosse alle altre ragazze, il video è stato nascosto perché *incitante all'odio* utilizzando una legge che nelle dichiarate intenzioni dovrebbe combattere le *condotte di odio* online per svolgere un'azione, almeno dal punto di vista sociale, opposta.

---

[292] Un ottimo resoconto della vicenda di cui si è trattato è disponibile consultando l'articolo « Egitto, danzatrice del ventre condannata a 3 anni di carcere per le sue foto sui social: "Immorale" » di Susanna Picone, quotidiano online fanpage.it, 29 giugno 2020
E «*Egitto, il tribunale condanna a tre anni di carcere la danzatrice del ventre: "È immorale"*», de Il Messaggero, 28 giugno 2020 (autore sconosciuto)

[293] In riferimento si veda l'articolo «*L'Egitto contro le donne dei social. Il nuovo obiettivo di Al-Sisi*» di Raffaello Villani, dailymuslim.it (blog online che tratta di mondo arabo), 22 giugno 2020
E «*Influencer di TikTok arrestate in Egitto: si vestono e si truccano all'occidentale Foto*» de Il Messaggero, 28 luglio 2020 (autore sconosciuto)

6. Bibliografia

Altalex Formazione, s.d. *www.altalex.com*. [Online].

Ambrosoli, U. & Sideri, M., 2017. *Diritto all'oblio, dovere della memoria. L'etica nella società interconnessa.* Passaggi a cura di s.l.:Bompiani.

Brown, A., 2017. *Hate Speech Law: A Philosophical Examination.* Routledge Studies in Contemporary Philosophy a cura di s.l.:Taylor & Francis Ltd.

Brown, A., 2017. *What Is Hate Speech? The Myth Of Hate,* s.l.: s.n.

Cardone, V. & Verri, F., 2013. *Diffamazione a mezzo stampa e risarcimento del danno. Online, blog e social forum.* Fatto & Dirittto a cura di s.l.:Giuffrè.

Cassese, S., 2009. Lezione sulla cosidetta opinione dissenziente. *Quaderni di diritto costituzionale,* Volume 4.

Cavallo, P., 2002. *La storia attraverso i media: immagini, propaganda e cultura in Italia dal fascismo alla Repubblica.* s.l.:Liguori.

Ceretti, A. & Cornelli, R., 2018. *Oltre la paura: affrontare il tema della sicurezza in modo democratico.* Universale Economica a cura di Milano: Feltrinelli, Saggi.

Chi Odia Paga (COP), s.d. *Difenditi dall'odio con il diritto.* [Online] Available at: chiodiapaga.it

Curti, S., 2017. *Criminologia e sociologia della devianza. Un'antologia critica.* (II edizione) a cura di Padova: Cedam.

Curti, S., 2019. *Crimonolgia e sociologia della devianza.* s.l.:Wolters Kluwer.

Dolcini, E., 2014. Omofobi: nuovi martiri della libertà di manifestazione del pensiero?. *Rivista Italiana Di Diritto E Procedura Penale.*

Goisis, L., 2013. la corte europea dei diritti dell'uomo equipara la discriminazione in base all'orientamento sessuale alla discriminazione raziale. *rivista italiana di diritto e procedura penale ,* Volume volume 1.

Goisis, L., 2019-2020. *Crimini d'odio, omotransfobia e discriminazioni di genere: una proposta de lege ferenda.* Sassari: s.n.

Goisis, L., 2019. *Crimini d'Odio.* s.l.:Jovenne Editore.

Grimaldi, I., 2020. Il principio di proporzionalità della pena nel disegno della Corte Costituzionale. *Giurisprdenza Penale,* ISSN 2499-846X(5).

Jamie Cleland, Rory Magrath,Edward Kian, 2018. The Internet as a Site of Decreasing Cultural Homophobia in Association Football: An Online Response by Fans to the Coming Out of Thomas Hitzlsperger. *Sage,* Volume 21.

Kucuk, S. U., 2016. *Brand Hate; Navigating Consumer Negativity in the Digital World.* edizione 2 a cura di s.l.:Palgrave.

La Legge Per Tutti, Informazione e Consulenza Legale, s.d. *laleggepertutti.it.* [Online].

Lawrence, F. M., 2002. *Punishing Hate; Bias Crimes under American Law.* (II edizione) a cura di s.l.:Harvard University Press.

Mazzamuto, S., 2011. Libertà contrattuale e utilità sociale. *Europa e diritto privato,* Volume 2.

Pavich , G. & Bonomi, A., 2014. reati in tema di discriminazione: il punto sull'evoluzione normativa recente, sui principi e valori in gioco, sulle prospettive legislative e sulla possibilità di interpretare in senso conforme a costituzione la normativa vigente. *Diritto Penale Contemporaneo,* Issue 1.

Prism, 2016. *Hate Crime and Hate Speech in Europe: Comprehensive Analysis of International Law Principles, EU-wide Study and National Assessments,* s.l.: s.n.

Pugiotto, A., 2014. il volto costituzionale della pena (e i suoi sfregi). *Diritto penale contemporaneo.*

Pulitanò, D., 2014. La misura delle pene fra discrezionalità politica e vincoli costituzionali. *Diritto Penale Contemporaneo.*

Repetto, G., s.d. *Alle origini del margine d'apprezzamento, tra self restraint e inquadramento del pluralismo: il caso Handyside.* Perugia, Università di Perugia; diritti-cedu.unipg.it.

Riccardi, G., 2019. Riserva di codice. *Il libro dell anno del diritto 2019.*

Salvetti, P., 2003. *Corda e sapone: storie di linciaggi degli Italiani negli Stati Uniti.* s.l.:Donzelli Editore.

Servizio Studi del Senato, XVI legislatura, 2012 (ottobre). *Diffamazione a mezzodella stampa o altromezzo di diffusione (AA. SS. 3491 e 3492); Elementi didocumentazione e di diritto comparato,* Roma: Senato.

UNESCO. Director-General Deputy, 2015. *Countering online hate speech.* s.l.:Publishing, UNESCO.

Ziccardi, G., 2016. *L'odio online; violenza verbale e ossessioni in rete.* ed. Anno 2020 a cura di Milano: Raffaello Cortina Editore.

Ziccardi, G., 2018. Il contrasto dell'odio online: possibili rimedi. *Lessico di etica pubblica,* Issue 1.

www.ingramcontent.com/pod-product-compliance
Lightning Source LLC
Chambersburg PA
CBHW072029230526
45466CB00020B/1148